KB211713

살인의 추억

KOFA 영화비평총서는 한국영화사의 대표작 한 편을
아카이브와 역사라는 관점하에
비평적 해석으로 펼쳐 보는 시리즈이다.
영화비평가와 영화사 연구자가 필진으로 참가할 각 권은
비평과 역사를 동시에 주목하는 스펙트럼 속에서
영화에 관한 다채로운 논의를 제공한다.

일러두기

- 이 책의 기획과 구성, 책임편집은 한국영상자료원 학예연구팀장 정종화와 연구원 이수연이 맡았다.
- 한국영상자료원에서 기증과 수집을 통해 보유하고 있는 사진은 별도의 출처를 표기하지 않았으며, 그 외에는 사진 설명에 출처를 표시하였다.
- 영화의 작품명과 연도는 한국영상자료원 한국영화데이터베이스(KMDb)를 따랐다. 감독명과 개봉 연도는 각 장마다 해당 영화가 맨 처음, 주요하게 언급될 때 (감독명, 제작 연도) 형태로 병기했다. 감독명, 제작 연도, 배우 이름 등 영화 관련 정보는 ( ) 안에 표기하되, 본문 괄호와 구분되도록 별색으로 표기하였다.
- 맞춤법과 띄어쓰기는 국립국어원의 《표준국어대사전》을 따랐다. 논문 및 영화 등의 작품명은 〈 〉, 문헌이나 저서명·정기간행물(학회지 포함)·신문명은 《 》, 직접인용은 " ", 강조 및 간접인용은 ' '로 표기했다.
- 인명이나 지명은 국립국어원의 외래어 표기용례를 따랐다. 단, 널리 알려진 이름이나 표기가 굳어진 명칭은 그대로 사용했다.

살인의 추억

MEMORIES OF MURDER

끝내 감지 않은 눈

박유희 지음

KOFA 영화비평총서 2

앨피

기관 50주년을 맞은 한국영상자료원Korean Film Archive이 새로운 시리즈 'KOFA 영화비평총서'로 독자 여러분과 만납니다.

한국영화사 100년의 도도한 흐름을 통틀어 사회문화사적 의미에서 주목할 만한 한국영화를 선별하였습니다. 그중에서도 필름 아카이브가 보존 중인 자료들을 통해 더 풍부하게 이야기될 수 있는 영화들을 골라, 각 영화마다 가장 전문가라 할 필자들이 집필을 맡았습니다. 한국영화 비평을 담은 시리즈는 이전에도 있었지만, 이번 총서는 'KOFA'만의 강점과 특징을 담았다고 자부합니다.

바로 영화사적 관점과 맞물린 독창적인 해석입니다. 아카이브의 역사적 지평에서 주목한 영화를 가지고서, 영화비평가와 영화사 연구자들이 각자의 고유한 시각과 관점으로 하나의 이야기를 완성했습니다. 독자 여러분과 더 깊게, 더 친밀하게 소통하고 싶은 마음입니다. 아무쪼록 한국영상자료원의 기획과 필자들의 노고가 독자 여러분에게 의미 있는 이야기로 전달되기를 희망합니다.

2024년 12월

한국영상자료원 원장 김홍준
학예연구팀장 정종화

차례

3장 — 죽음의 장소에서 유희하는 남성성

4장 — 눈을 뜬 여성들

5장 — '평범한' 남성성의 얼굴

분량은 적어도 한 권의 책을 쓴 셈이니, 근사한 후기를 적고 싶다. 그것이 영화에도, 감독에게도, 이 책을 읽을 미래의 독자에게도, 무엇보다 나 자신에게도 예의라는 걸 잘 알고 있다. 그러나 단 하나의 소회가 그럴듯한 수사를 가로막는다. 쉽지 않았다.

영화가 처음 공개된 2003년과 많은 것이 달라졌다. 사회가 체념하고 영화가 탄식한 '화성연쇄살인사건'은 더 이상 '영구 미제 사건'이 아니다. 범인은 특정됐고, 억울한 이들의 누명도 밝혀지는 중이다. 이제야 실제 사건의 무게를 벗어던지고 〈살인의 추억〉을 그저 '영화'로 볼 수 있게 된 것인가. 그럴 줄 알았다.

글을 쓰는 날마다, 인터넷 창에 범인의 얼굴을 띄워 두고 멍하니 들여다보곤 했다. 돌이켜 보면 굳이 그럴 이유는 없었는데도, 그랬다. 영화 속에서 눈을 감지 못한 채 죽은 희생자들이 마지막까지 응시한 얼굴이라는 생각 때문이었을까. 현실과 영화의 경계가 자꾸 흐려졌다. 바람직한 현상은 아니었다. 밤에는 무언가에 쫓기는 악몽을 연이어 꾸었다. 아침에 책상에 앉을 때면 다짐을 반복했다. '이 상황과 감정을 부풀리면 안 된다. 꿈속에서 나를 쫓은 건 마감의 압박감일 뿐이다.'

초봄, 〈살인의 추억〉 원고 청탁을 호기롭게 수락했을 때는 2024년의 관점에서, 이 영화를 실화의 그림자를 떨쳐 낸 한 편의 허구로 새롭게 읽어 내겠다는 야심이 앞섰다. 한국식 스릴러로서 봉준호가 성취한 독창적인 미학의 활기를 재발견하리라. 솔직히 그 소망을 글을 마무리하는 순간까지 놓지 못했다. 그러나 영화를 다시 보고, 장면들을 거듭 떠올리며 글을 쓰는 동안, 어쩔 도리 없이 깨달은 바는 따로 있다. 그것은 이 영화에 대한 나의 모순된 심정이다. 나는 불편해하면서도 넋 놓고 감탄했고, 킥킥대면서도 울렁대는 속을 마주했고, 서스펜스에 사로잡히면서도 진저리 쳤다. 이 영화의 모진 자문에는 뼈저린 자극을 받았으나, 비애감에는 종종 마음이 닫혔다. 한국 사회를 사는 여성 평자로서 느낀 분열이었을까. 그 분열을 인정해야 했지만, 과장하고 싶지 않았다. 그런 증상이 행여 영화의 깊이와 결을 단선적으로 규정할지 몰라서 내내 불안했다.

이처럼 복잡한 속내가 글에 비치지 않길 바랐으나, 그것이 결국 이 글의 동력이었고, 궤적이 되었음을 이제는 인정해야

할 것 같다. 유난한 더위와 습도 속에서 〈살인의 추억〉과 뒤엉
켰던 여름을 떠나보낸다.

1장
종결될 수 없는 사건

"살해된 여자가 하나 더 있어요.
아직 시체가 안 나와서 그렇지."

2019년 가을, '화성연쇄살인사건'의 범인이 마침내 밝혀졌다. 1963년생, 이춘재. 놀랍게도 그는 1994년 처제를 성폭행하고 죽인 혐의로 이미 부산교도소에서 무기징역으로 복역 중이었다. 1986년에서 1991년에 걸쳐 경기도 화성시 태안읍 일대에서 10대 초반부터 70대에 이르는 여성 열 명이 강간 살해당한 사건은 이제 범인의 이름을 특정해 '이춘재 연쇄살인사건'으로 명칭이 변경되었다. 이춘재는 자신이 저지른 14건의 살인과 30여 건의 성범죄를 자백했으며, 경찰은 유전자 검사 등을 토대로 그중 14건의 살인과 9건의 성범죄를 확인했다. 첫 사건이 일어난 지 무려 33년 만에 한국의 대표적인 미제 사건의 정체가 드러난 것이다. 수많은 무고한 이들이 경찰의 강압수사로 고문에 시달렸고, 일부는 후유증으로 자살하거나 병에 걸려 죽었다. 심지어 누명을 쓴 채 20년을 복역한 후 출소한 이도 있다. 사건의 공소시효는 2001년 9월부터 2006년 4월 사이에 모두 만료되었다.

사라진 범인

'이춘재 연쇄살인사건'을 소재로 한 봉준호의 두 번째 장편 〈살인의 추억〉이 개봉된 시점은 2003년, 범인의 행방을 아직

강압수사와 허위자백 1 — 1988년 9월 16일, 경기도 화성군 태안읍 진안리 가정집에서 10대 여성이 성폭행을 당한 뒤 살해된 채 발견되었다. 국립과학수사연구소는 피해자 몸에서 찾은 남성 음모에서 티타늄을 검출했는데, 경찰은 티타늄을 다루는 직업 종사자를 범인으로 보고 주변 공장에서 농기구 용접 수리공으로 일하는 20대 남성 윤성여를 유력한 용의자로 검거했다. 그의 음모가 현장에서 발견된 것과 일치한다는 사실이 밝혀지면서 그는 1심에서 무기징역을 선고받고 2심과 3심에서 "경찰의 강압수사로 허위자백했다"고 주장했으나 받아들여지지 않았다. 경찰은 그가 나머지 사건들에 개입한 증거를 찾지 못했고, 그는 20년 동안 복역한 후 2009년 모범수로 출소했다. 2003년 〈시사저널〉 기자가 청주교도소에 복역 중인 그를 면회했을 때, 그는 무죄를 주장했다. 신호철, 〈사람 죽인 적 없다〉, 《시사저널》 1821호, 2003년 5월 15일. https://www.sisajournal.com/news/articleView.html?idxno=79558

2019년 10월 4일, 이춘재가 8차 사건의 진범이라고 자백한 후, 윤성여는 11월, 법원에 재심을 청구해 2020년 12월 17일 30여 년 만에 무죄를 선고받았다. 재판부는 무죄선고 이유로 "피고인의 자백 진술은 불법체포·감금 상태에서 가혹 행위로 얻어진 것이어서 증거능력이 없다"며 "반면, (내가 범행을 저질렀다는) 이춘재의 진술은 내용이 매우 구체적이고, 객관적으로 합리성을 띠고 있어 신빙성이 높다고 판단된다"라고 밝혔다. 또한 "범행 현장의 음모와 피고인의 음모가 동일인의 것이라는 취지로 국과수 감정인이 작성한 방사성동위원소 감정서는 근거가 명확하지 않고 내용에 오류와 모순점이 있어 신뢰할 수 없다"고 설명했다. 김기성, 〈32년 만에 바로잡은 '살인의 추억'…윤성여씨 재심 "무죄"〉, 《한겨레》, 2020년 12월 17일. https://www.hani.co.kr/arti/area/capital/974799.html

한편, 경찰은 윤성여를 검거한 공로로 1989년 승진했던 경찰 5명의 특진을 취소했지만, 연금 회수나 임금 반납 등 실제적 불이익을 주지는 않았다. 경찰 관계자는"잘못된 수사를 이유로 특진을 취소한 사례가 없어 법

모를 때다. 완전한 백지상태에서 범인을 상상할 자유가 주어진 셈이지만, 봉준호는 그를 재현하는 방식이 범죄 장르의 쾌감에 복무하게 될 위험 또한 의식할 수밖에 없었을 것이다. 사

률 전문가 등의 의견을 구했는데, 임금과 연금은 이들이 승진 이후 노동을 했던 대가로 준 것이기 때문에 특진 취소를 이유로 회수하기 어렵다고 판단했다. 인사 기록에 특진 취소 사유를 남겨 경찰이 과거를 반성하고 역사의 교훈으로 삼는 데 의의를 두고 있다"고 말했다. 이재호, 〈세금 환수 못해 아쉽다〉, 《한겨레》, 2021년 5월 13일. https://www.hani.co.kr/arti/society/society_general/995057.html

　서울중앙지법은 2022년 11월 16일, 윤성여가 국가를 상대로 낸 손해배상청구소송에서 국가가 18억 7천여 만 원을 배상하라는 판결을 내렸다. 앞서 2021년 2월, 수원지법은 윤성여에게 형사보상금(무죄가 확정된 피고인의 구금 일수에 따라 지급되는 보상금) 25억여 원을 지급하라고 결정했다. 송치훈, 〈이춘재 대신 '20년 옥살이' 윤성여씨에 18억 국가배상〉, 《동아일보》, 2022년 11월 16일. https://www.donga.com/news/article/all/20221116/116506963/1

　2023년, 9월, 윤성여의 변호인인 '재심 전문' 박준영 변호사와 경찰의 강압수사 피해자들이 '위기 청소년'을 지원하는 재단법인 '등대장학회'를 설립했다. 윤성여뿐 아니라, '삼례 나라슈퍼' 사건 피해자 최성자, 21년여간 억울한 옥살이를 한 최인철, 장동익 등은 국가로부터 받은 형사보상금을 출연금으로 기부해 '등대장학회' 설립을 주도했다. 장동익은 이 재단 이사장이고 윤성여, 최성자, 최인철은 이사를 맡고 있다. 이두걸, 서유미, 〈억울한 옥살이 대가 값지게… 아이들의 등대 되자고 뭉쳤죠〉, 《서울신문》, 2024년 8월 12일. https://www.seoul.co.kr/news/plan/monday-interview/2024/08/12/20240812010002

건의 극악무도한 결과는 명백한데, 몇 십 년이 지나도록 그 근원은 오리무중이라면, 영화에는 어떤 상상력이 얼마나 허락될 수 있을까. 〈살인의 추억〉은 실체를 알 수 없는 연쇄살인마를 화면 안으로 불러들여야 하는 난망한 과제를 떠안는다. 범인이 집으로 찾아오는 꿈을 꿀 정도로 "살인하는 순간을 그 사람 입장에서 초 단위로 나눠서 생각도 해 보고"**1** "실제 범인을 잡을지도 모른다는 망상"**2**에 휩싸이고, 범인이 어느 날 영화를 보러 극장에 올지도 모른다는 생각에 사로잡히기도 했다고 봉준호는 고백한다. 살인범을 알지 못하는 상태에서 처절한 죽음들을 취재하고 재현해야 하는 심리적인 압박감과 더불어 그를 두렵게 한 건 끝내 범인의 실체를 드러내지 않는 서사의 비상업적 면모다. 데뷔작 〈플란다스의 개〉(2000)가 흥행에 크게 실패한 뒤였다.

아무리 미결 사건을 바탕으로 삼는다고 해도, 아니, 실화 자체가 이미 감내하기 어려운 미제 사건이므로, 허구의 서사에서조차 살인마를 잡지 않는 결론은 상업영화로서는 분명 위태로운 선택이었을 것이다. 그러나 제작자 차승재는 이 영화가 더 어둡게 가야 할 운명이라며 봉준호의 걱정을 잠재웠다. 봉준호 또한 모두가 아는 실제 사건을 내세워 허구적인 캐릭터를 범인으로 설정하면 관객들에게 "기만당한 느낌"**3**을 줄 거라고 여겼다. 결국 둘의 직감과 모험은 옳았다. 〈살인의 추억〉은 같은 해 12월 공개된 〈실미도〉(강우석, 2003)가 한국영화사에서 처음으로 천만 관객을 돌파하기 전까지, 관객 수 520만 명 이상을 기록하며 2003년 개봉된 한국영화 중 최고 흥행작으로 자리매김한다. 실제 사건을 잠식한 무기력과 무능력을 17년이 훌쩍 지나 더없이 찝찝하게 깨워 낸 영화가 이와 같은 대중성을 성취할지 누구도 쉽게 예상하지 못했을 것이다. 국내외 평단의 찬사 속에서 봉준호는 한국형 범죄드라마의 새로운 지평을 열며 21세기 한국을 대표하는 감독으로 단숨에 도약하게 된다.

한국 사회의 변덕스러운 사회정치적 지형이 할리우드의 유구한 범죄 장르와 만난 '농촌 스릴러'. 봉준호가 창조한 이 범주의 기이한 활기, 예측하기 어려운 내러티브 구조, 고유한 유머 감각, 생동하는 촬영과 세련된 리듬, 배우들의 호연 등 〈살인의 추억〉의 흥행을 설명할 요인은 많지만, 가장 흥미로운 대목은 범인의 공백이 불러온 의외의 효과다. 앞서 이 작품의 위험 요소로 감독이 우려한 바로 그 지점은 오히려 한국 사회를 뿌리로 둔 범죄드라마의 필연적 귀결이자, 급진적 시도로 대중과 평단에 받아들여지며 무수한 해석을 낳았다. 무엇보다도 범인이 우리 주변을 여전히 활보하며 심지어 극장 안에서 영화를 함께 관람하고 있을지도 모른다는 섬뜩한 가정, 해결되지 않은 실제 사건에 현재진행형으로 들러붙은 공포와 불안, 나아가 신비는 허구의 장르가 빚어낸 쾌감보다 압도적인 카타르시스였다.

영화보다 부조리한 현실

오늘날, 범인의 신상이 공개된 상황에서 〈살인의 추억〉은 이전과는 달리 체감될까. 이 영화를 온전하게 범죄 장르로 즐기기는 여전히 쉽지 않다. 이제 〈살인의 추억〉은 연쇄살인을 막지 못한 이유로 영화가 열거한 1980년대 남한 국가기구의 폭력적이고 전근대적인 사례들만이 아니라, 21세기 공권력의 무능력한 얼굴 또한 상기하는 작품으로 기억될 것이다. 봉준호가 시나리오를 구상하며 미지의 살인마와 싸울 때, 송강호가 언젠가 영화를 마주할지 모를 범인을 의식하며 화면 밖을 응시할 때, 언론이 사라진 연쇄살인범의 신화에 호들갑스럽게 가담할 때, 그는 이미 수감 중이었다. 봉준호의 세계를 구축하는 '오해와 헛소동'은 그저 서사 내부의 동력이 아니라, 이 영화를 성립시킨 토대였던 셈이다. 잡혔으나 잡히지 않은, 잡았으나 잡은 줄 몰랐던 범인. 허구 안에서도 이보다 더 부조리한 상황은 상상할 수 없을 것이다. 봉준호가 이 사실을 알았더라면, 〈살인의 추억〉은 과연 태어날 수 있었을까. 이 어처구니없는 사태는 〈살인의 추억〉이 재현한 한국 사회의 황당한 맥락들을 그보다 더 '영화적'으로 쓸쓸하게 계승한다. 이를 주제로 〈살인의 추억〉 속편이 만들어진다고 해도 이상할 일은 아니다.

2024년, 영화가 개봉한 지 20여 년이 지난 현재, 너무 늦었지만, 범인의 실체가 허무하게 드러난 시점에서, 〈살인의 추억〉에 더할 비평이 남아 있을까. 이미 수많은 평론과 논문이 이 영화의 질문에 호의를 담아 응답했고, 종종 논쟁적인 반론을 펼치기도 했다. 더욱이 〈기생충〉(봉준호, 2019)이 칸영화제 황금종려상 수상을 필두로 미국 아카데미 시상식에서 작품상을 비롯해 감독상·각본상·국제장편영화상을 석권하고, 국내에서 〈괴물〉(2006)에 이어 봉준호의 두 번째 천만 영화로 기록되면서, 그의 전작을 조명하는 책·방송·기획 등은 이미 차고 넘친다. 〈설국열차〉(봉준호, 2013)와 〈옥자〉(봉준호, 2017)에 이어 해외에서 찍은 봉준호의 여덟 번째 영화 〈미키 17〉은 이미 완성되어 2025년 개봉을 기다리는 상태고, 그의 오랜 염원을 담은 애니메이션은 막바지 작업 중으로 알려져 있다. 봉준호의 모험은 지역적 한계, 장르의 경계, 무엇보다 우리의 예상을 뛰어넘어 지속될 것이며 평단은 이에 호응하는 새로운 언어를 계속 고심해야 할 것이다.

그러니 〈살인의 추억〉으로 돌아간 이 글이 철 지난 비평으로 비칠까 염려되기도 한다. 다만, 기존의 비평들과 봉준호의 지난 인터뷰를 취합하고 정리하는 일에 의미를 두면서도 그 과정에서 이 영화로 들어가는 작지만 '다른' 문들이 보였다. 〈살인의 추억〉이 그저 한국 사회의 폭력성을 주시한 영화가 아니라, 남성성의 분열을 은밀히 노출하고 매섭게 응시하는 방식으로 설계된 세계라는 사실을 새삼 주목하게 된다. 이것이 봉준호의 의도인지 무의식인지 확신할 수는 없지만, 아직 충분히 다뤄지지 않은 이러한 면모를 통해 〈살인의 추억〉을 과거가 아닌 현재 안에서 말할 수 있게 되길 바란다. 더불어 연쇄살인사건의 피해자로 뭉뚱그려 언급되어 온 영화 속 여성 인물들을 구체적이고 개별적인 논의의 대상으로 되살리고 싶은 마음 또한 이 글을 쓴 동력임을 밝힌다.

회색지대의 리얼리즘

올해 한국영상자료원이 영화계 종사자 240명에게서 추린 '한국영화 100선'에서 〈살인의 추억〉은 3위인 〈기생충〉을 제치고 2위에 올랐다. 봉준호의 영화 두 편이 나란히 상위권에 뽑힌 점도 괄목할 만하지만, 〈기생충〉이 아니라 〈살인의 추억〉이 더 높은 지지율을 기록한 사실도 주목할 만하다. '이춘재 연쇄살인사건'을 통해 남한의 사회정치적 맥락을 정면으로 겨냥한 〈살인의 추억〉이 자료원이 제시한 추천 기준 중 "당대의 사회상이 반영되어 역사·문화사적 연구 가치가 높은 작품," "주제 및 소재 면에서 한국 사회에 영향을 미친 작품"에 더 부합한다는 견해일 것이다. 〈살인의 추억〉이 전제한 한국 근현대사의 특수성에 비한다면, 봉준호의 다른 영화들이 가족관계를 중심으로 천착한 계급성은 보편적인 문제의식에 가까워 보인다. 〈설국열차〉에 이어 〈기생충〉 또한 미국에서 드라마 시리즈로 제작 중이지만, 〈살인의 추억〉의 경우, 해외 리메이크는 쉽게 상상하기 어렵다.

물론 한국 사회의 시대성을 사실적으로 반영한다는 점이 한국영화사에서 〈살인의 추억〉의 성과라고 단순화할 수는 없다. '사실적인 재현'으로 통용되는 태도나 방식은 오히려 봉준호의 세계와 거리가 멀다. 사각의 틀 안에서 어떤 설정이나 상황도 말이 되게 만들 수 있는 만화 그리기가 그의 오랜 취미라는 사실은 잘 알려져 있다.

"연기의 면에서건 화면을 찍는 스타일에서건 이건 우화적이야, 이건 너무 장르적이야, 이건 사실주의적으로 가야 해, 이런 개념이 없어요. 특히 저는 리얼리즘에 대한 문제의식 자체가 없는 사람이에요. 거짓말이나 표피적인 사실성을 통해서 관객들을 쉽게 설득할 수 있다고 믿는 체질인 것 같아요. 예를 들어 〈살인의 추억〉에서 김뢰하 배우가 군화 위에 덧신을 신는데, 관객들은 그게 형사들을 취재해서 나온 디테일이라고 여기지만, 사실 제가 다 지어낸 거거든요. 그러니까 사람들이 저건 사실적인 디테일이구나, 라고 믿게 만들 자신은 있어요.

하지만 리얼리즘 정신 같은 건 책임질 능력도, 의사도 없죠."[4]

이 말은 그가 반리얼리즘을 지향한다는 의미가 아니라, 범주의 경계가 무너진 시공간을 구축하는 일에 흥미를 느낀다는 뜻으로 읽힌다. 앞서 언급한 '한국영화 100선' 목록에서 10위권에 든 동시대 영화들과 비교해 봐도 차이는 도드라진다. 요컨대, 〈살인의 추억〉과 〈기생충〉이 사건화한 현실의 층위는 이창동이 〈시〉(2010, 7위)에서 구현한 리얼리즘과 다르고, 두 영화가 전유한 범죄드라마는 박찬욱이 〈올드보이〉(2003, 5위)에서 심취한 장르적 성격과 다르며, 이들이 그린 소시민의 형상은 허진호가 〈8월의 크리스마스〉(1998, 8위)에서 응시한 일상의 풍경과 다르다.

봉준호의 세계는 리얼리즘과 장르, 비극과 희극이 "교란"[5] 되는 회색지대를 욕망한다. 그가 이끌리는 공간들, 이를테면 〈플란다스의 개〉의 작은 아파트를 미시적으로 쪼개는 긴 복도와 지하실, 〈살인의 추억〉 속 드넓은 논을 가로지르는 "좁은 직선의 배수로",[6] 〈기생충〉에서 저택을 구획하는 '기역자 또는 디귿자' 앵글과 지하실로 통하는 계단 등은 그런 교란이 일어나 중층적인 맥락을 생성하고 뻗어 가는 곳이다. 그의 집요한 눈은 일상의 시공간에서 이질성을 발견하고 그곳에서 거처와 질서를 잃고 우왕좌왕하는, 대체로 가난한 존재들로 향한다. 그들은 더러 아수라장 속에서 눈물겹게 연대하며 버티기도 하지만⟨괴물⟩), 엉뚱한 상대를 물어뜯으며 함께 나락으로 떨어진다(⟨마더⟩(**봉준호, 2009**), ⟨기생충⟩). 우왕좌왕하는 존재들에는 영화 속 인물만이 아니라, 그들을 보며 혼돈에 빠지는 관객 또한 포함된다. 봉준호가 ⟨기생충⟩에서 가장 좋아하는 시퀀스로 꼽은 장면에 관객들이 보인 반응이 하나의 예가 될 것이다.

"⟨기생충⟩에서 충숙이 문광을 발로 밀어서 지하실 바닥으로 굴러떨어지게 하는 장면 있잖아요? 다른 곳에서도 비슷한데, 토론토영화제 상영 때 관객들이 이 장면에서 박장대소를 했어요. 그런데 문광의 머리가 지하실 벽에 부딪혀서 쾅 소리가 나자, 갑자기 멈칫하는 분위기로 바뀌었어요. 웃어도 되나? 하고 난처해하는 것 같은 분위기였어요. 결국 그 충돌 때문에 나중에 문광이 죽죠."**7**

봉준호의 말을 빌리자면 "너무 웃긴데 잔인한"**8** 소동극, ⟨살인의 추억⟩ 속 논두렁 현장 감식 장면이나 ⟨괴물⟩ 속 합동 분향소 풍경처럼, "영화적으로 묘사했을 때 얼핏 코미디처럼 보이지만 그게 사실은 가장 현실적인 묘사"**9**인 순간에 그는 흥분한다. 그에게 한국 사회의 현실은 "장르적인 것", "만화적인 것", "판타지적인 것"이 공존하는 세계로 사실을 파고들수록

위에서부터 〈플란다스의 개〉(봉준호, 2000, 우노필름 제작·시네마서비스 배급)의 긴 복도,
〈살인의 추억〉(봉준호, 2003, 싸이더스 제작·CJ엔터테인먼트 배급) 속 좁은 직선의 배수로,
〈기생충〉(봉준호, 2019, 바른손이앤에이 제작·CJ엔터테인먼트 배급)에서 기역자 앵글.

1장 | 종결될 수 없는 사건

점점 더 낯선 것들이 보이는 시공간이다.[10]

　무엇보다 한국 사회의 부조리함은 그에게 비판적 성찰이나 도덕적 책무의 대상이기 전에, 무궁무진한 영화적 소재와 광경의 저장고다. 사회문제에 개입하려는 거창한 의도보다는 이미지가 불러일으킨 상상력과 감흥이 봉준호 영화의 기원이다. 〈괴물〉은 한강 다리를 오르는 시커먼 생명체가 안긴 기이함, 〈마더〉는 버스 안에서 몸부림치듯 노는 중년 여성들에게 받은 충격, 〈설국열차〉는 기차의 좁고 긴 공간성이 주는 끈적한 흥분이 자극한 이야기이며, 〈기생충〉은 부자와 빈자의 집, 두 개의 구도를 정한 후 문광(이정은)이 공중 부양하는 모습을 떠올리며 전개된 영화다. 일종의 원체험처럼 그의 심신에 각인된 이미지에 대한 집착이 한 편의 영화로 발전한다. 요컨대, 〈마더〉 속 도로를 달리는 버스에서 김혜자와 여자들이 춤추는 마지막 장면은 봉준호가 오랜 시간 마음에 담아 둔 이미지다. 인천공항 도로에서 그 광경을 촬영하며 마침내 시각적으로 재현한 뒤 그는 "공항 옆의 매립지에 내 종양 덩어리를 빼서 '툭' 바닥에 던지고 집으로 돌아오는 기분"처럼 홀가분했다고 고백한다.[11]

한국 사회의 수렁에 빠진 장르

창작자의 지극히 사적인 호기심과 장르 취향이 어떤 사실주의적 영화보다 날카롭게 사회적 문제의식과 연동되고 마는 과정은 그러므로, 봉준호 영화의 독보적인 면모라고 말해도 될 것이다. 그는 영화아카데미 시절을 회상하며 당시 자신이 꿈꾸던 영화의 초상을 어린 날부터 매혹됐던 할리우드 장르물이 "한국이라는 객지에 와서 수모를 겪는 느낌", "장르가 지구 반대편으로 와서 고생하는 느낌"[12]이라고 표현한 적 있다. 그가 졸업작품으로 만든 〈지리멸렬〉(1994)의 두 번째 에피소드에는 그 느낌을 반영한 시도가 나온다. 아침 운동을 하며 남의 집 앞에 배달된 우유를 마시는 보수 신문 논객과 집주인에게 우유를 훔친 주범으로 오해받는 신문 배달원의 이야기다. 오래된 주택가 골목에서 찍은 두 남자의 추격전은 쫓기는 사람은 그저 점잖게 조깅하듯, 쫓는 사람은 신문 배달하듯 느리고 능청스러운 호흡으로 진행된다. 봉준호는 녹음실 직원들이 기존의 관습과 달리 롱테이크와 아련한 음악으로 이뤄진 추격전의 뉘앙스를 이해하지 못해 작업에 애를 먹었다고 회고한다.[13]

물론 봉준호는 〈살인의 추억〉 개봉 후, 자신은 주어진 상황, 분위기, 텍스트 등에 집중할 뿐이지, 장르적 자의식을 우선시해서 의도적으로 추동한 적은 없다고 말하기도 한다. 다만, 같은 해 데뷔작 〈지구를 지켜라〉(장준환, 2003)로 〈살인의 추억〉과는 또 다른 장르적 상상력을 폭발시킨 장준환과의 대화에서 영화 초반 형사들과 마을 사람들, 감식반과 시체가 뒤죽박죽 혼재한 현장 장면을 그는 이렇게 떠올린다.

"그런 식으로 보면 역으로 자의식이 있는 것 같아. 컨벤션에 맞추려는 의도는 없는데 해체하는 즐거움! 그 신도 개판 난 사건 현장을 생중계하는 것을 리얼하게 보여 주겠다는 것이 컨셉이었는데, 찍어 나가다 보니까, 야 이게 미국영화의 현장 보존 신하고는 정말 다르구나, 하면서, 장르를 해체하려고 기를 쓴 건 아닌데, 결과적으로 균열을 내버린 거고, 그런 즐거움은 있지. 미국 애들이 만든 장르 규칙에 똥물을 끼얹는 그런 거."[14]

이를 평자의 언어로 바꾼다면 다음과 같을 것이다. 그의 영화는 "할리우드에서 발전된 장르의 테크닉과 테크놀로지를 적극적으로 전용"하는 동시에 "지역 정치학의 요소들을 주요 모티브로 채택하면서, 해당 장르의 성격을 근본적으로 바꿔 놓는"다.[15] 장르의 규칙이 한국 사회의 용광로에 녹아 태동한 유머와 공허와 냉소. 봉준호가 장르의 관습을 한국 사회의 수로에 빠뜨려 드러낸 회색지대는 일차적으로는 정의와 폭력, 선과 악이 명확히 분간되지 않는 정치의 영역이지만, 현실 세계와 허구가 위태롭게 맞물려 영화의 근원적 원리를 질문하는 자리이기도 하다. 그간 봉준호의 영화에 애정을 표명해 온 감독 구로사와 기요시(黒沢清)는 〈괴물〉에 대한 짧은 논평에서 그 세계의 속성을 예리하게 감지한다. 그는 괴물이 나타나는 배경이 할리우드 장르처럼 CG로 다듬은 추상적 공간이 아니라, "서울시가 비칠락 말락"**16** 하는 현실의 장소, 한강이라는 점에 주목한다.

> "그 장소에서라면 순전히 픽션인 괴물 퇴치 이야기와 그 픽션 이야기의 성립을 노골적으로 거부하고 비웃는 서울시 둘 다가 아슬아슬하게 병존하는 듯한 영화가 완성될 터. 그 결과, 영화의 라스트에서 사람들과 괴물이 거리로 돌입하는 것도 아니고 강으로 되돌아가는 것도 아닌, 말 그대로 중간 지점을 우왕좌왕하는 듯한 대혼란의 영화가 된 겁니다. 봉준호 자신이 이렇게까지 종래의 오락으로부터 일탈한 작품이 될 것을 예측하고 있었는지 어땠는지는 모르겠습니다. 하지만 이야기상으로는 실로 교묘하게 다시 서울시 바깥쪽에 미국이라는 강대한 외부를 설정함으로써 애초부터 복잡하고 뒤얽힌 내용을 노리고 있던 듯합니다. 어차피 영화는 프레임 바깥의 모든 현실을 차단한 데서 성립하는 허구임과 동시에 화면에는 비칠 리 없

는 현실의 강력한 영향 아래 놓여 있는 미디어지요. 그렇다면 카메라는 아슬아슬한 경계선 위에 둘 것. 이야기는 세계 전체에 결부되는 듯한 내용이 될 테고, 거기서 우왕좌왕하는 방황은 난해하거나 관념적인 무언가가 아니라 필시 수많은 사람들의 일상 감각에 뿌리내린 무언가가 되리라."**17**

기요시는 이 영화가 그 혼란에 자신을 기꺼이 던져 둠으로써, 세트장에서 활개 치는 기존의 블록버스터에서 벗어나 진정한 21세기의 오락물로 거듭난다고 호평한다. 그런데 김소영은 기요시처럼 괴물이 한강에만 머문다는 점을 지적하면서도 그와는 다른 지점에 주목한다.

"공간의 폐쇄성이 확장되면서 괴물은 더 괴물이 된다. 한강이 가진 역사, 즉 6·25 전쟁 때의 한강대교와 최근에 붕괴되었던 성수대교, 하나는 역사의 귀신이고 다른 하나는 압축 근대화가 낳은 비극인데 그것들이 공간의 역사에서 빠져 있는 것이 흥미로웠다."**18**

그는 같은 해 개봉한 〈한반도〉(**강우석**, 2006)가 "공간의 정치"를 "장기역사적"으로 대함으로써 정치성을 탈각한다면, 〈괴물〉은 한강의 역사적 "외연"을 의식하지 않음으로써 그 장소를

"당대적이고 축소적"[19]으로 그린다고 평가한다. 어느 쪽에 더 동의하든, 같은 장소에 대한 외국인 감독과 내국인 평론가의 이러한 견해차는 봉준호의 세계가 활동하는 '회색지대'의 모호한 속성을 반추하게 한다는 점에서 흥미롭다. 봉준호의 영화 중 그 '회색지대'의 속성이 가장 약한 작품이 〈설국열차〉인 건, 이 영화가 해외 배우들과 무국적 공간인 기차 안에서 찍혔다는 사실과 크게 무관하지 않을 것이다.

'봉준호'라는 현상

신기한 일이다. 추격전이 이어질수록 쫓는 자와 쫓기는 자의 구분이 사라지고, 강자와 약자의 대립은 어느새 약자끼리의 싸움이 되어 버리고, 사건의 근원은 암흑 속으로 자취를 감춰 버리고, 원인이 제거된다고 해도 상황에는 아무런 변화가 없는 지평, 서구의 관객들이 보기에 "일반적인 패턴을 따르지 않아서 뭔가 불편한"[20] 세계, 터널, 하수구, 수로의 심연 앞에서 오인과 실패만이 남는 결말, 사회적 약자나 하층계급이 도덕적으로 승리하지 않는 서사, 봉준호 스스로 이상하다고 수식하는 장면들은 대중성과 어느 지점에서 만나는 것일까. 넷플릭스로 공개된 〈옥자〉를 제외한다면, 흥행에 실패한 영화는

〈플란다스의 개〉뿐이다. 두 편의 영화가 천만 관객을 동원했다
(〈괴물〉13,019,740명, 〈기생충〉10,313,086명). 상영시간 대부분이
기차 안에서 할애되며 해외에서 찍은 〈설국열차〉는 그에 육박
하는 관객 수(8,914,845명)를 기록한다. 봉준호의 필모그라피에
서 가장 음침하고 어두운 영화, 광기와 섹슈얼리티, 히스테리
와 불안이 요동하는 〈마더〉조차 300만 명 이상이 관람하며 손
익분기점을 넘어섰다.

　〈괴물〉의 흥행 요인에 대한 평자들의 분석은 이에 대한 하
나의 실마리가 될 수 있을 것이다. 김소영, 정성일, 허문영은
〈괴물〉의 대중적 호소력을 그간 한국 관객들이 몰입하던 비극
의 과잉된 파토스와 달리 비극적 정념을 방해하고 단절하는
특유의 "엇박자", 조소, 유희, 만화적 상상력 등에서 찾는다.
김기영에게서 이어져 박찬욱 역시 공유하는 태도, 주류로 볼
수 없는 이 화법이 천만 관객을 모았다는 점에서 〈괴물〉은 당
대 "대중영화의 새로운 분수령"이라고 이들은 입을 모은다.[21]
이 지적은 거칠게나마 봉준호의 영화 전반에도 적용할 수 있
을 것이다. 정확히 조율된 서사의 균형감각과 그 흐름을 균열
하는 잉여의 출현, 유머와 불쾌의 뒤엉킴, 정교한 세부와 불가
해한 블랙홀의 병립, 개인적 기호와 사회 인식의 공존 등. 봉준
호의 영화를 지탱하는 비일관성과 복합성, 그리고 이를 유려
하게 꿰매는 연출은 대중과 평단의 고른 지지를 설명하는 요인

일부일 것이다. 한 편의 영화가 작품성으로 진지하게 주목받는 동시에 놀이의 열광적 대상이 될 수 있을까. 해외에서 "봉하이브"[22]*를 낳은 〈기생충〉이 그 사례다. 요점은 그가 영화산업 중심부에서 비주류적 감식안을 상업적으로 구현하는 데 성공하는 희귀한 위치에 존재한다는 사실이다. 봉준호는 여전한 영화키드이자, 창의적인 감독이자, 한국영화사의 유례없는 현상으로 불려 마땅하다.

---

* 〈기생충〉에서 기정이 박 사장 집 앞에서 가짜 이력을 노래로 외우는 대목은 사회관계망 서비스에서 숱하게 패러디되었고, '짜파구리'는 열렬히 소비되었으며, 봉준호와 관련된 일화들은 'BongHive'("봉 감독을 벌떼의 움직임처럼 열렬하게 응원하는 팬덤")라는 해시태그(#)가 달려 공유되었다.

2장
'농촌 스릴러'의 결기

"여기 뭐하러 왔어? 서울에서 이 촌구석까지."
"범인 잡으러."

한국식 범죄드라마의 탄생

봉준호는 〈플란다스의 개〉에 대한 감상으로, 그가 스릴러나 추리물에 재능이 있을 것 같다고 평한 김지운 감독의 말을 가장 기쁘게 기억한다. 개들이 연속으로 납치되고 추격전은 엉뚱한 방향으로 진행되며, 지하실에는 음흉한 비밀이 있지만, 범인은 잘못 지목되는 이야기의 성격은 돌이켜 보면 〈살인의 추억〉과 닮은 구석이 의외로 많다. 잘 알려졌듯, 범죄 추리소설은 할리우드 스릴러영화와 함께 봉준호의 청소년기를 사로잡은 장르다. "피해자의 관점이나 범죄자의 관점에서 보이는 공포나 불안", "저지른 죄건 감춘 죄건 억누르고 감추는 이야기", "치명적인 기억을 가진 사람과 그걸 까발리려는 사람"[23]의 구도는 그가 내내 매혹된 범죄드라마의 면모이자, 그의 영화를 관통하는 뼈대이기도 하다.

〈살인의 추억〉은 한국식 범죄스릴러에 대한 갈증에서 시작되어 그의 학창 시절, 매스컴을 떠들썩하게 만든 '화성연쇄살인사건'을 떠올리며 구상한 영화다. 봉준호는 1990년 11월 태안읍 야산에서 발견된 9차 사건의 희생자 여중생이 이 영화를 만들게 된 결정적인 계기라고 밝힌다. 노태우가 '범죄와의 전쟁'을 선포한 지 3주 만에 일어난 사건이다. 현실에서 해결될 기미조차 보이지 않는 사건을 장르 안에서 서사화하는 작업은 예상을 뛰어넘는 무게로 그를 짓눌렀을 것이다. 2000년 6월 시나리오를 쓰기 시작하기까지, 그는 실제 사건과 관련된 형사, 주민, 기자들을 취재하고 공중파 프로그램의 내부 자료들, 이를테면 공개된 적 없는 현장 사진이나 생존자들의 증언 등을 접한다. 1996년에 극단 연우무대가 이 사건을 바탕으로 초연한 〈날 보러 와요〉의 참여자들을 인터뷰하기도 했는데, 이 연극의 구조는 〈살인의 추억〉의 시나리오에 여러 영향을 주게 된다. 요컨대, 세 명의 용의자, 단서가 되는 라디오 신청곡 등은 연극에서 얻은 아이디어다. 봉준호는 〈날 보러 와요〉에서 용의자 셋을 모두 연기한 배우 류태호를 〈살인의 추억〉에서 변태 용의자 역할로 캐스팅하고, 연극에서 형사로 분한 김뢰하를 단편 〈백색인〉(**봉준호, 1994**)과 〈플란다스의 개〉에 이어 영화 속 형사로 출연시킨다.

사건기록과 연루자들의 기억, 연극의 캐릭터를 기반으로 상상을 뻗어 나가며 범인과 "같이 침대에서 뒹군 느낌"[24]이 들 정도로 몰두할수록, 봉준호를 괴롭힌 건 연쇄살인사건을 다루면서 막상 범인에게 가장 기본적인 질문조차 할 수 없는 상황, 앞서 말했듯, 그 공백과 대면하는 일이었다. 이마무라 쇼헤이(今村昌平)의 〈복수는 나의 것〉(1979)이나 구로사와 기요시의 〈큐어〉(1997)처럼 연쇄살인범의 실체를 탐구하거나 전면화하는 영화를 참고하기도 했지만, 결국 '살인마는 누구인가'라는 궁금증은 '왜 그를 잡지 못했는가'라는 물음으로 이행할 수밖에 없게 된다.

범인보다 어두운 시대

봉준호가 연쇄살인범의 심리와 동기에서 사건을 막지 못한 사회적 맥락으로 관심을 전환하게 된 데는 두 가지 계기가 작용한다. 하나는 앨런 무어Alan Moore의 그래픽노블 《프롬 헬From Hell》을 읽으면서다. 19세기, 런던의 빈민가에서 하층계급 여성들이 살해당한 실화, 일명 '화이트채플 살인사건'을 다룬 이 작품은 악명 높은 살인마, 잭 더 리퍼의 끔찍한 살인 행각만이 아니라, 매연과 매춘부들과 부랑자들로 뒤덮인 산업혁명 초기의 사회구조와 도시 풍경을 겨냥한다. 봉준호는 여기서 범인보다 시대가 더 어두웠다는 실마리를 발견한다.[25] 다른 하나는 '화성연쇄살인사건'이 벌어진 1980년대 후반 한국 일간지에 실린 여러 사건의 연속성이다.

"제가 2000년의 관점으로 86년과 87년을 보니까 논두렁에서는 여자들이 죽지만 남산 밑에서는 박종철이 탁 하고 치니까 억 하고 죽고 하는 게 동시에 딱 평행적으로 진행이 되더라고요. 연쇄살인 이상으로 어두웠던 시대고, 그런 어두운 범죄는 파묻히게 되는 거고 그러다 보니 민방위훈련이라는 시각적인 모티브도 나오게 되고. 클라이맥스 보면 민방위훈련 등화관제 할 때 여자애가 죽잖아요. (중략) 범인을 못 잡은 건 시대 자체의 어둠이고 무능이었다는 결론에 그렇게 도달하고 나니까 그다음부터는 쫙 한 큐에 시나리오가 풀리더라고요."[26]

봉준호는 '왜 범인을 검거하지 못했나'라는 의문이 그 실패를 야기한, 혹은 방치한 한국 사회에 대한 탐구로 이어질 수밖에 없다는 사실을 깨닫는다. 〈살인의 추억〉이 심리묘사에 집중한 〈날 보러 와요〉와 결정적으로 갈라지는 지점이다. 1986년부터 1991년 사이, 제5공화국과 87항쟁, 고문과 죽음, 86 아시안게임과 88 올림픽, 독재와 민주주의, 전근대와 근대가 충돌하는 시대의 분위기는 '화성연쇄살인사건'과 구조적으로 연결되지만, 같은 이유로 한국 사회의 격동 속에서 충분히 주목되지 않았다. 이지훈은 〈살인의 추억〉에 대한 평에서 이를 마치 영화 장면을 편집하듯 다소 극적인 인과관계로 엮어 설명한다.

"1차 이완임 사건이 나고 5일 후에 '86 서울아시안게임'이 개막했고, 3차 권정분 사건이 발생한 1986년 12월 12일로부터 이틀 뒤 장정구가 11차 방어에 성공했으며, 5차 홍진영 사건이 발생한 1987년 1월 10일부터 6일 뒤 서울대생 박종철 군 사망 사건이 있었기 때문이다. 6차 박은주 사건이 있었던 1987년 5월엔 부천 성고문 피의자 문귀동의 첫 공판이 있었고, 8차 박상희 사건이 발생한 1988년 9월엔 '88 서울올림픽'이 개막했기 때문이다."[27]

그리하여 봉준호의 시나리오에서 80년대를 대변하는 군사 정권의 이미지는 단지 시대적 배경이 아닌 주요한 원인으로 사건과 긴밀하게 교차되고 '화성연쇄살인사건'은 "'5공 말기 연쇄살인사건'으로 탈바꿈"[28]하게 된다. 오리지널 시나리오에서 S#29는 그 과감한 시도가 극명하게 드러나는 대목이다.

① 계속되는 음악과 함께 비 오는 하늘에서 카메라 내려오면… 어딘가 공설 운동장 주변, 한복 입은 여고생 수백 명이 종이 태극기를 손에 들고 도로변에 줄지어 서 있다.

공무원: (메가폰 들고) 자, 각하께서 타신 차량이 지나가고 나서도, 방송 카메라 차량이 그 뒤로 계속해서 지나간단 말야… 그러니까 여러분들 각하 차가 지나갔다고 금방 깃발 내리구 멍하게 있으면 안 된다 이 말이야. 차들 다 지나갈 때까지 태극

기 계속 계속 흔들어 주면서…

그러나 빗방울이 점점 굵어지자 조금씩 동요하던 여고생들이 와~ 소리를 내며 흩어진다. 비를 맞고 뛰면서도 깔깔대는 여고생들. 당황하는 공무원… 무전기 이어폰을 꽂고 현장 진행을 돕던 박두만도 근처 상점 안으로 들어가 비를 피한다. 보름달 빵 하나를 집어드는 두만, 비 내리는 하늘을 망연자실 올려다보면…

② 어느새 세차게 쏟아지는 빗줄기, 장소는 한신대학교 앞으로 바뀌어 있고,

한 여대생의 머리채를 움켜잡고 끌고 가는 조용구, 앞에서 끌려가는 한 남학생의 등쪽에 워커 발을 날린다. 그 뒤로 한신대 시위대들이 교문 앞 언덕길에서 격렬한 시위를 벌이는 모습이 보인다.

난무하는 돌과 최루탄, 빗속에서도 터져 오르는 화염병 불기둥, 땅에 뒹구는 '박종철을 살려내라' 피켓들… 조용구, 닭장차 속으로 여대생을 집어던지며, 쏟아붓는 빗줄기를 힐끗 올려다보면…

③ 세찬 빗줄기를 바라보며 창가에 서 있는 반장. 강력반

오리지널 시나리오 "S#29 몽타주 시퀀스"

① 대통령을 환영하는 인파가 퍼붓는 비에 흩어진다.

② 대학교 앞에서 벌어진 격렬한 시위와 진압하는 경찰들.

③ 강력반 사무실, 반장이 창가에 서서 빗줄기를 바라본다.

사무실이다.

권귀옥 책상의 라디오에서 조그맣게 흐르는 가요 소리가 빗소리와 뒤섞여 묘한 분위기를 만든다.

서서히 어둠이 깔리기 시작하는 화성의 풍경이 반장의 시선으로 보인다.

산업화로 황금빛 논과 거대한 공장이 어색하게 혼재하는 농촌 풍경은 밤마다 살인이 벌어지고 태양빛에 시신이 드러나는 장소다. 그 비극의 초입에는 형사들이 무당의 조언에 따라 '너는 자수하지 않으면 사지가 썩어 죽는다'는 문구를 적어 세운 허수아비가 있다. 봉준호는 서사가 형사의 시점으로 전개되는 설정만이 아니라, 그 시점이 국가기구의 무지와 폭압에 공모하는 장면 또한 불가피하다고 여긴다. 전투경찰이 대학생들의 데모를 진압하는 광경, 여학생들이 한복을 입고 줄지어 서서 대통령이 탄 차를 향해 태극기를 흔들거나 학교 운동장에서 단체로 교련 수업을 받는 모습, 민방위 사이렌에 마을의 불이 모두 꺼지는 상태 등 군부독재의 시간을 대변하는 집단적이며 강제적인 이미지가 논두렁에 발가벗겨진 채 널브러진 시체 장면 사이사이를 채운다. 봉준호는 범인의 개별 초상을 미궁에 둔 채, 무능력한 시대의 이미지와 무기력한 시체 장면을 분리 불가능하게 잇는 방식을 택한다. 신원 미상인 범인의 도착성과 국가 제도의 열등성과 폭력성을 한 몸으로 만드는 것이다.

실패가 불러낸 질문

봉준호가 이러한 선택으로 열어 낸 한국식 범죄스릴러의 새로운 지평은 아이러니하게도 추격전도, 범인 얼굴의 실체화도, 사건의 해명도, 장르의 쾌감도 모두 실패한 세계다. 시커먼 터널 입구, 퍼붓는 빗속에서 유전자 불일치를 통보하는 서류가 찢기고 가장 유력한 용의자는 검은 입속으로 사라진다. 실패에 도달하는 과정, 실패를 응시하는 형식은 〈살인의 추억〉의 탁월한 성과로 일컬어진다. "범죄스릴러로서의 장르적 이정표를 배열하면서도" "장르 자체를 최종적으로 무효화시킴으로써, 이 영화에 담긴 지역 정치학을 되돌이켜 유효화한다"[29]거나 "현실을 추적하되, 현실의 포로가 되지 않고, 표현의 세공력을 가다듬되, 표현 자체에 빠지지 않는, 영화광이 현실과 제대로 만났을 때 나옴 직한 영화 한 편을 만들었다"[30]는 비평, "게임의 법칙에 의해 굴러가는 영화들과 작가 세계에 의해 굴러가는 영화들이 있다면 이 영화는 묘하게도 그 접점에 있는 것 같다"[31]라는 감상은 〈살인의 추억〉이 실화와 범죄드라마 사이에서 성취한 중층성에 주목한 반응일 것이다.

뛰어난 만듦새와 정치성을 지닌 작품답게, 이 영화는 다양한 쟁점을 낳는다. 우선, 〈살인의 추억〉이 끝내 극복하지 않은 실패에 대한 이견을 주목할 만하다. 허문영은 그 지점을 이 영화의 신랄함으로 인정하면서도 되묻는다.

"우리는 비로소, 앎이 왜 포기되어야 하는가, 공포를 왜 끝내 대면하지 못하는가, 라고 항의할 수 있다. 당신은 이 이유 때문에 이 영화에 반대할 수도 있을 것이다. 하지만 무지로의 여정이 너무도 매혹적이어서 당신은 저항을 포기할지도 모르겠다. 봉준호는 체념과 침묵에 숙명적 비애의 기운을 불어넣고 그것은 너무도 매혹적인 무기력, 달콤한 포기에 이른다. 이 결말은 열린 것처럼 보이지만 철저히 폐쇄적이다. 우리는 살인자/공포라는 신에 갇혀 꼼짝할 수 없는 존재가 되고, 영화는 그 폐쇄를 자연화한다."[32]

범인의 정체가 영원한 무지에 남겨짐으로써 사건은 한국 사회의 폭력적 구조를 환기하지만, 동시에 접근할 수 없는 절대 악의 심연이 된다. 전자를 향한 논평과 후자에 대한 향유가 함께 작동하는 방식으로 이 영화는 구축되고 소비되는 것은 아닐까. 범죄스릴러가 한국 사회와 만나 장르의 쾌락을 무너뜨린 게 아니라, 보다 원초적이고 강력한 '체념'의 쾌감에 복무하게 만드는 건 아닐까. 이 반문은 가능하다.

그러나 이에 다시 반문할 수도 있다. 봉준호 영화의 활기와 정치성, 그가 자주 하는 말을 따르자면, '이상함'과 '잔인함'은 한 장면에 양극의 견해와 감정이 공존할 수 있다는 데서 비롯되기도 한다. 정한석이 "영화에서 해결책을 제시하지 않으므로 그 싸늘함은 포기한 태도의 다른 이름이라고 지탄 받을 수도 있겠지만, 그럼에도 온기 있지만 서투른 해결보다 모든 걸 다 드러내서 이미 세계 자체가 미쳐 있다는 것을 싸늘하게 말하는 것이 봉준호의 방식"[33]이라며 〈마더〉를 평할 때, 그 말은 〈살인의 추억〉에도 얼마간 적용할 수 있을 것이다. 한편, 허문영은 〈살인의 추억〉의 결말이 제시하지 못한 대답을 〈괴물〉, 나아가 〈마더〉에서 찾는다. 〈괴물〉의 결론 또한 "원점"으로 회귀한다고 해도, 여기서 주인공의 응시는 "무지의 확인"에서 작게나마 한 발 나아간 행위가 되며,[34] 〈마더〉는 〈살인의 추억〉과 〈괴물〉이 안긴 카타르시스나 위안 없이 어떤 종류의 "윤리적 선택"도 "불능화하는 지점까지 밀고" 가 급진적인 "농촌 스릴러"에 도달한다는 것이다.[35]

〈살인의 추억〉을 향한 또 다른 의문은 이 영화가 특정 대목들에서 자아내는 향수 어린 분위기와 관련된다. 빛이 내리쬐는 벌판과 푸른 하늘, 이를 감싸는 잔잔한 음악이 도입부와 결말을 감싸는 방식은 "모든 것을 하나의 톤으로 품어 버리"며 향수를 빚어내는데, 그 안에서 시대를 향해 발언하는 건 "자기 도취나 환상"으로 보이기도 한다는 견해다.[36] 〈살인의 추억〉이 개봉한 2003년 전후, 한국영화계는 80년대를 낭만적인 추억으로 복기하는 학원물들이 한 흐름을 이루었다. 이 영화들의 복고풍 정서가 〈살인의 추억〉에도 어느 정도 스며 있는 건 아닐까. 영화의 한 대목을 예로 든 봉준호의 대답보다 이 작품의 성격과 위치를 명징하게 설명하는 말은 없을 것 같다.

"여고생들이 한복 입고 전두환 대통령 맞이한다고 죽 늘어선 거리 장면을 좋아하는데, 당시에 전두환만 온다 그러면 무조건 수업 빼먹고 애들이 한복 입고 우르르 몰려 나가서 태극기 흔들고 그랬다. 우리는 수업 안 하고 노니까 좋아했었다. 그 상황에서 전두환에 포커스를 두면 〈박하사탕〉이 되는 거고, 노는 게 좋았다는 느낌만 기억하자면 아기자기한 복고풍 영화로 가는 거다. 그런데 이 영화에서는 그 순간 비가 내리고 아이들은 길옆 구멍가게로 우르르 몰려든다. 그러면서 시대의 엿같음과 개인적인 추억이 동시에 뒤얽힌다."[37]

봉준호는 전반부 장면들이 빚어낸 향수의 정조와 "개인적인 추억"이 관객을 서사로 이끄는 길목이 될 수 있음을 인정하면서도 당대의 강압적 시대상과 살인 장면을 교차시키는 편집에 이르러 영화는 향수, 추억으로부터 완전히 분리된다고 강조한다. 〈살인의 추억〉이 향수의 정취를 얼마간 불러일으킬지라도 그 자체가 한계는 아닐 것이다. 핵심은 달리 볼 필요가 있다. 설령, 향수의 정조에 얼마간 기댄다고 해도, 그것은 그 시절을 현재의 시점에서 미화하려는 의도가 아니라, 정치적으로 각성하지 못한 시대의 몽매한 천진함을 재현함으로써 환한 일상의 풍경이 가린 부패한 진실을 겨냥한다고 말할 수도 있다. 궁극에 그 평온함을 더 끔찍한 지옥의 기억으로 남게 하는 것이다. 결과적으로 서정을 가장하는 풍경에 그리움이 들어설 틈은 없다. 다만, 이 향수가 남성성의 죄의식과 연동된다면, 문제는 한결 복잡해진다.

침묵하는 여성

〈살인의 추억〉에 제기된 가장 눈에 띄는 반론은 여성의 재현에 대한 것이다. 한국영화사에서 희생된 여성의 육체가 시각적으로 대상화되거나 무언가에 대한 알레고리로 의미화되지 않고, 그 자체로 발언하는 경우는 드물다. 더욱이 실제 연쇄살인사건을 바탕으로 강간당한 채 살해당한 여성들의 몸을 시대구조에 결부하는 이 영화의 전제는 애초 그 한계를 내재할 수밖에 없다. 〈살인의 추억〉은 이 문제와 어떻게 대결하는가.

　　"〈살인의 추억〉은 〈소름〉이나 〈에이리언〉 등 숱한 영화들
이 그러하듯 무너져 내리는 아파트를 학대받은 여성의 자궁으
로, 타락한 우주를 오염된 자궁으로, 혹은 암흑의 시대를 농수
로라는 터널과 질의 이미지로 변주하는, 즉 여성적 기관을 빗
대어 사회를 은유하는 고전적인 장르의 규칙들 속에 전진 없
이 머무르고 만다."[38]

　　적어도 스릴러 속 여성의 훼손된 신체에 관해서라면, 〈살인
의 추억〉도 장르물의 관습적인 기조에서 별반 진일보하지 않
는다는 지적일 것이다. 물론 이 영화는 연쇄살인마가 수족관
속 여성의 토막 난 신체를 관음하는 장면, 정확히 말하자면, 그
맥락을 명목 삼아 여성의 파편화된 육체를 스크린에 미학적으
로 전시하는 데 어떤 망설임도 보이지 않는 태도(《추격자》(나홍
진, 2008))와는 거리를 둔다. 그러나 여성의 몸이 스릴러의 쾌감
에 즉각 봉사하지 않는다고 해도, 그 육체는 온전한 개별성이
주어지기도 전에 시대의 무능과 폭력성을 은유하게 된다. 김소
영은 이 영화에서 남자 형사들의 악몽이 시신이 된 여성들의
침묵보다는, 끝내 답을 찾을 수 없는 사건에서 비롯된다고 본
다. 이 영화가 형상화하는 시대의 트라우마는 "남성적 힘의 실

패"**39**와 관련됨에도, "보편적·역사적인 것으로 스스로를 가장함으로써" "주변화된 외상의 발화를 막는다"**40**는 것이다. 그는 이 사건을 남성의 트라우마로 귀결되는 스릴러 대신, 초현실주의 호러 안에서 "피해자인 여성의 시선으로 다시 쓰고 싶다"고 말한다.**41**

여성의 시신은 널려 있지만, 여성의 언어는 부재한다. 김소영의 말처럼 장르를 아예 뒤엎지 않고서는, 형사의 시점으로 전개되는 이야기에 죽은 피해자의 시선을 섣불리 불러들이기는 어렵다고, 〈살인의 추억〉의 선택을 이해할 수도 있을 것이다. 그럼에도 젠더정치의 관점에서 이 영화에 가해지는 비판은 유효하다. 눅눅하고 컴컴한 수로 밑에 버려진 벌레가 기어다니는 몸, 들판에 널브러져 부감으로 응시된 몸, 부검대 위에 누워 질에서 복숭아 조각을 뱉어 내는 몸. 남자 형사들의 뒤늦은 시선 속에서 처참한 상태로 포착되는 이 몸이 서사가 부여되지 않은 이미지로 기능한다는 사실을 부정하기는 어렵다. 장르와 리얼리즘의 경계에 아슬아슬하게 걸친 그 이미지의 물성은 장르가 소비하는 전형적이고 인위적인 형상보다 오히려 더 외설적일 수도 있다. 이 이미지는 범인의 잔혹함과 시대의 무능을 증명하고 형사들의 분노와 좌절의 근거가 되지만, 정작 여성 자신에 대해서는 무엇도 말하지 못한다. 그 이미지는 남성의 시점 안에서 추상화된 시대의 은유로 기능할지는 모르지만, 여성 자신의 것은 아니다.

　하지만 이 영화가 사건의 기반인 "가부장제 구조"를 지우고 "텅 빈 여성 시체에 '독재하의 엄혹한 1980년대'라는 다른 역사적 맥락을 채워 넣"음으로써 "왜곡된 남성 무용담"[42]이 된다는 주장에는 동의하기 어렵다. 여성(의 죽음)이 피상적인 이미지로 접근된다고 해도, 〈살인의 추억〉은 연쇄살인사건을 막지 못한 당대의 기반을 한국 사회의 남성성, 남성중심적 구조에서 찾는다. 영화가 남성성을 형상화하고 바라보는 방식의 복합적인 면모, 냉소와 자조, 연민과 혐오가 혼재된 시선이 앞선 오해를 부르기도 하고, 종종 모호한 태도로 다가오지만, 바로 그 지점이 〈살인의 추억〉의 매서운 감각과 태도임을 면밀하게 들여다볼 필요가 있다. 이 영화가 주시하는 방향은 여성을 구하지 못한 남성의 죄의식이 아니라, 구할 수 '없는' 남성성의 모순과 궁지다.

3장
죽음의 장소에서
유희하는 남성성

"어젠 제가 직접 들었어요. …
태령읍에서 외로운 남자가 보냅니다.
비 오는 밤 꼭 틀어 주세요."

마주 보는 두 소년

　황금빛으로 일렁이는 논 한가운데서 메뚜기를 잡은 소년의 얼굴이 화면 가득 담긴다. 경운기 한 대가 뒤에 남자를 태우고 논두렁을 지나가는데, 아이들이 신나게 따라간다. 경운기가 멈춰 서자 남자는 농수로 쪽으로 다가가고 소년은 메뚜기들이 담긴 병을 등 뒤에 감추고 그를 바라본다. 남자가 수로 밑을 거울로 비추면 벌레 꼬인 여자의 시신이 보이는데, 소년이 수로 위에 앉아서 남자가 건네는 말을 우스꽝스럽게 계속 흉내 낸다. 이들 뒤로 아이들이 희생자의 속옷을 들고 장난치며 노는 중이다. 남자가 다시 수로 아래로 시선을 향하면 뜬 눈으로 죽은 여자의 얼굴이 보인다. 그가 고개를 들자, 남자와 소년의 얼굴이 팽팽하게 시선을 교환하며 서로를 향한다. 남자의 얼굴이 클로즈업된 후, 푸른 하늘 위로 오프닝 타이틀이 뜬다.

　〈살인의 추억〉의 프롤로그는 강렬하다. 들판에 내리쬐는 빛, 전원의 평화로움과 한가함이 영화 전반의 깊은 그늘과 대비되기 때문이기도 하지만, 이 장면에 이미 대립하는 두 세계, 잔혹한 죽음과 평온한 일상, 진실과 무지가 천연덕스럽게 압축적으로 공존하기 때문이다. 무엇보다 두 사람의 진의를 알 수 없는 얼굴 클로즈업이 교차하는 대목은 기이하다. 봉준호는 소년이 수로 위에 앉아 박두만의 말을 흉내 내는 설정이 원래 시나리오에는 없었고 스토리보드를 만들며 추가한 장면이라고 밝히며, "이 영화가 얼굴의 로드무비라는 것을 선언"[43]한다고 말한다. 박두만과 소년이 상대의 얼굴에서 보는 것은 무엇일까. 이 구도는 첫 번째 죽음 앞에서 아직 사건의 깊이와 파장을 알지 못하는 박두만의 얼굴, 결국 무능만 증명하게 될 형사의 "무당 눈깔"과 그것을 조롱하는 소년의 얼굴인가. 죽음을 밟고 앉은 사실을 모른 채, 놀이에 몰두하는 소년의 무지해서 섬뜩한 얼굴은 박두만의 거울상이기도 한 것인가.

감독 기예르모 델 토로는 크라이테리언에서 출시된 〈살인의 추억〉 블루레이에서 이 장면을 소년과 소년의 대화로 읽어내며 둘을 "유아기"의 얼굴로 묶는다. 그는 여기서 두 남자가 공유하는 아이의 어수룩함과 열정을 보지만, 이 맥락과 별개로 "유아기"를 상기한 그의 말에는 예리한 구석이 있다. 프롤로그에서 우리가 보는 건 명백한 죽음의 장소지만, 수치심 없는 유희의 광경이기도 하다. 프롤로그는 〈살인의 추억〉이 응시하게 될 남성성의 세계, 죽음과 유희가 불길하게 뒤엉킨 지대를 예감하는 것 같다. 이곳에서 합리성과 이성은 제대로 작동할 수 있을까. 이 장면 끝에서 화면을 채운 박두만의 표정은 그 지대에 포박된 자신을 마주하고 얼어붙은 남자의 얼굴처럼 보이기도 한다.

수치심을 모르는 놀이

도입부의 소년과 가장 가까운 존재는 주요 용의자로 등장하고 비극적으로 퇴장하는 백광호(박노식), 몸은 성인이지만 정신장애를 앓아 아이 같은 남자일 것이다. 박두만(송강호)이 처음 백광호를 발견한 곳은 오락실, 어린이들 틈이다. 백광호가 취조실과 숲속에서 형사들에게 사건 현장에 대한 기억을 말할 때, 그의 화법은 '본 것'과 '한 것' 사이를 오간다. 그 의식의 흐름이 형사들이 강제적으로 짜맞춘 질문의 방향을 번번이 벗어난다.

울먹이다가 말고, 갑자기 씨-익 웃는 광호 소름 끼치는 미소….

광호: 향숙이 머리에 (손을 들어 머리에 올리며) …머리에 씌운다…히히.

두만: 뭘?

광호: 향숙이 빤스를… 히히… 빤스를 모자처럼 씌우더라구.

두만: 거들 말이지, 거들?

광호: 맞어 거들. 히히… 그걸 향숙이 얼굴에다 쓱… 덮어 씌우던데….

두만: 그리구선?

광호: 벗긴 옷을… 다시 입힌다….

두만: 그건 왜 그랬어?

광호: 몰라. 다시 입혔다, 다시.

용구: (짜증) 왜 그랬냐니까!

광호: 나야 모르지….

용구: (버럭) 아니 이 새끼가 잘 나가다가….

두만: 똑바루 말해 임마! 그다음에 어떡했어!

삽을 뺏어 들고 내리칠 듯 위협하는 용구. 그러나 광호는
계속 멍한 얼굴을 한 채로….

광호: 막 뛰었어! 뛴다!

두만: 어디루?

광호: 비가 많이 왔어…계속… 번개두 막 쳐… 꽈광!

두만: 얼루 뛰었냐니까!

광호: 번개 또 친다, 꽈광!*

프롤로그의 소년은 수로 밑, 시신을 보지 못하므로 유희할
수 있지만, 백광호는 사건과 근접한 위치에서 세세히 보았어

---

*   이 장면의 분위기와 뉘앙스가 오리지널 시나리오에 잘 살아 있어서, #15의 일부
   를 옮긴다.

도 그것이 무엇인지 정확히 알지 못해 그 장면과 놀 수 있다. 이들과 박두만, 조용구(김뢰하)는 얼마나 다른가. 봉준호가 궁극적으로 응시하는 건 그런 어리숙한 인물에게서 강압적으로 자백을 유도하다가 그 화법의 리듬에 말려든 형사들의 우스꽝스러운 행태일 것이다. 백광호는 무지로 인해 히죽대고, 봉준호는 두 형사의 무지가 백광호보다 한 치도 낮지 않다는 사실을 비웃는다. 두 차원에서 웃음을 발생시키며, 이 장면에 희극성을 허용하는 것이다. 영화가 남자들의 몽매함을 웃음거리로 삼고 부조리한 상황을 유머로 이죽댈 때, 백광호의 기억에서 튀어나온 이향숙(김하경)의 죽음 장면은 정확한 맥락을 잃은 채 함께 희화화될 수밖에 없다(백광호로 분한 박노식이 "향숙이" 운운하는 연기는 당시 코미디언들이 모방하는 단골 소재였다. 관객들에게 이 장면이 의도한 산만함은 범죄스릴러에서 보기 드문 '나사가 빠진 듯한' 유희로 색다르게 받아들여졌다). 그러나 이를 〈살인의 추억〉의 한계라고 단정하기보다는 영화 속에서 분열하는 남성성의 상태와 연동된다고 보는 편이 더 흥미로울 것이다.

이 남성들은 자신이 싸우는 비극에 자신의 유희가 연루된 줄 모르는 자들이다. 이 영화의 날카로움은 그 사실이 의식적으로든, 무의식적으로든 장면에 새겨지고 노출된다는 데 있다. 요컨대 박두만, 서태윤(김상경), 조용구가 세 번째 시신을 발견하는 장면이 명징한 예다. 서태윤과 경찰들이 갈대밭을 헤치며 피해자의 흔적을 찾는 동안, 화면 전경에서는 박두만과 조용구가 마주 보고 앉아 한가하게 실뜨기 놀이 중이다. 그 행위도 어이가 없지만, 이들의 대화는 더 가관이다.

> 용구: 근데, 형님 대학생 애들, 그 왜, 엠티 가면은 남자애들이 왜 여자애들 다 따먹구, 뭐야, 여럿이 한방에 모여가지고 막 떼씹하고 그런다며? 진짠가?
>
> 두만: 몰라, 이 새끼야 빨리 해.
>
> 용구: 아 형님은 뭐, 2년제라도 나왔잖아. 어? 엠티, 오리엔테이션 이런 거 안 가 봤어?
>
> 두만: 아이, 몰라 인마. 4년제 나온 저 서태윤한테 한번 물어봐. 떼씹하는지. 자!
>
> 용구: 씨발, 4년제. 난 고등학교 4년 다녔는데.
>
> 두만: 아이, 치워, 치워. 아이고, 그나저나 현순이 함 보고 싶다.
>
> 용구: 그죠? 하기사, 뭐, 걔 이 동네에서 썩기는 아까운 애예요.

이미지 없이 두 형사의 대사만 읽는다면, 이들의 대화가 이루어지는 영화 속 상황과 배경을 상상조차 할 수 없을 것이다. 이 장면의 전경과 후경은 같은 장소의 광경이라고는 믿을 수

세 번째 피해자의 흔적을 찾아 서태윤과 전경들이 갈대밭을 뒤지는 장면이다. 그런데 화면 전경에서는 박두만과 조용구가 실뜨기 놀이를 하고 있다. 이 두 장면이 한 장면에 공존한다는 사실은 믿기 어렵고 믿고 싶지 않지만, 봉준호 영화에서라면 가능한 일이다.

없게 서로 충돌하는데, 봉준호는 둘을 태연하게 붙여 둔다. 경찰들이 급박하게 움직이는 현장 앞에서 형사들은 심심풀이로 실뜨기하고, 강간 살해 사건의 장소로 의심되는 곳에서 성적 욕망을 과시하는 천박한 말들을 나눈다. 더욱이 갈대밭에서 결국 찾아낸 시신은 박두만과 조용구가 대화 끝에 농담거리로 삼은 독고현순이다.

범인에게 맥없이 끌려가는 여성도, 환한 빛에 발견된 시신도, 지하실에서 가해지는 고문도 등장하지 않지만, 여자들이 죽어 간 장소에서 노는 성인 남자들의 형상, 너무도 습관적이고 일상적인, 그리하여 그저 우스갯소리 같은 폭력성과 저열함이 나른함에 푹 젖은 이 장면은 〈살인의 추억〉에서 가장 무섭고 무기력한 대목이라고 할 만하다. 이 이상으로 남성성의 민낯을 발가벗겨 연쇄살인사건이 해결되지 못한 이유를 보여주는 방식은 잘 떠오르지 않는다. 봉준호는 다음 장면을 부검대 위에 놓인 독고현순의 부패한 시신과 악취에 찡그리는 형사들의 얼굴로 시작한다. 앞선 두 형사의 태도에 이보다 더 냉정하게 폐부를 찌르는 복수는 없을 것이다. 그러나 한편으로, 갈대밭 장면에서 영화가 두 형사를 그리는 시선에는 얼마간의 연민 또한 묻어난다. 저급한 호기심과 지적 콤플렉스를 나누며 실뜨기 놀이에 집중하는 둘을 철없는 어린아이처럼 바라보는 것이다.

이 영화에서 갈대밭은 사건이 벌어지는 곳이자 시신이 발견되는 곳이며, 구경꾼들이 몰려와 훼손되고, 형사들조차 통제하지 못하는 현장이기도 하다. 비극과 유희가 혼재된 이 장소는 〈살인의 추억〉을 대표하는 풍경이다. 이 풍경은 낮과 밤, 비와 안개에 따라 완전히 다른 분위기를 자아낸다. 봉준호는 김형구 촬영감독과 날씨에 타협하지 말자는 다짐대로 찍을 수 있었다고 말한다.

굴러떨어지는 남자들

실뜨기 놀이만이 아니라, 이 영화의 남자들은 몸 개그로 불릴 만한 광경을 종종 연출한다. 영화 초반, 이향숙의 시체가 발견된 사건 현장을 스테디캠 롱테이크로 담아낸 장면에서 구 반장(변희봉)은 논두렁에서 들판으로 미끄러져 몸을 구르며 출현한다. 이 동작은 사건에 제대로 접근하지 못하는 형사들과 현장보존조차 하지 못하는 시스템의 허술함을 조소하는 설정이지만, 프롤로그에서 죽은 여자 속옷을 들고 소란을 일으키던 아이들의 몸짓과 그것이 자아낸 분별없으면서도 천진한 유희의 감각과 활력을 상기한다. 이와 관련해서는 〈살인의 추억〉의 인장처럼 언급되는 박두만과 서태윤의 첫 만남 장면을 언급할 수 있다. 서태윤이 논길에서 앞서 걷던 여자에게 길을 물으려고 하자, 내내 불안에 떨던 여자가 비명을 지르다가 논 쪽으로 넘어진다. 서태윤이 부축하려고 다가가던 순간, 마침 지나가던 차에서 박두만이 내려 달려오더니 "여기가 강간의 왕국이야?"라고 소리치며 서태윤을 향해 발차기를 한다. 서태윤은 구 반장처럼 굴러떨어진다. 봉준호가 들려준 이 장면의 탄생 비화는 다음과 같다.

"사실 그 장면 촬영은 연기 동선을 정확히 짜서 카메라가

정식으로 돌아간 장면이 아니라, 배우들의 동선을 볼 겸해서 찍어 보는 일종의 다큐멘터리 숏이었다. 그런데 송강호가 갑자기 드롭킥을 날리면서 대사를 다 해 버린 거고, 미처 그걸 예상하지 못한 김상경이 정말로 굴러떨어졌는데, 김형구 촬영 감독이 자연스럽게 그걸 다 포착해서 찍어 버린 거다. 그리고 나도 오케이를 외쳤고. 사실 다소 갑작스러운 상황이었기 때문에 스태프들도 의아해하는 분위기였고. (중략) 김상경이 맘 상한 부분이 없지 않았다. 그렇게 형성된 두 배우 사이의 긴장이 촬영 중반까지는 지속됐던 것 같은데, 영화 속에서 두 캐릭터가 어차피 서로 대립하는 부분이 있었기에 영화에는 그다지 나쁘지만은 않았던 것 같다."[44]

원래 시나리오의 분위기는 이와 사뭇 다르다.

단숨에 달려들어 태윤의 얼굴에 한 방 날리는 두만, 휘청하는 서태윤.

두만: 아-씨발 개나 소나… (퍽) 바빠 죽겠는데….
태윤: 아니 (퍽) …….
두만: 망둥이가 뛰니까… (퍽) 꼴뚜기두 뛰니? (퍽)….
태윤: 잠깐! 나는….

두들겨 맞으며 뭔가 항변하듯 소리치는 태윤, 그러나 국도
바로 옆 기찻길로 기차가 지나가며 요란한 굉음을 내는 바
람에 말소리가 파묻혀 버린다.

시나리오 속 이 대목은 두 남자가 만나는 첫 순간으로나,
성인들이 싸우는 장면으로도 평범하게 읽힌다. 그러나 영화 속
에서 갑작스럽게 튀어나온 "드롭킥"과 "굴러떨어"짐의 운동은
장면을 묘한 활기로 들썩이게 한다. 그 생동감의 요체는 배우
의 애드리브, 이를 고스란히 받아들인 촬영, 그러니까 돌발적
인 액션과 즉흥적인 반응의 연쇄와 총체다. 이것이야말로 아
이들이 몰두하는 놀이의 속성 아닌가. 이 장면의 쾌감은 싸움
과 놀이 사이에서, 혹은 그 둘이 분리되지 않은 상태에서 빚어
진다. 〈살인의 추억〉은 '미끄러지는' 남자들을 한심해하면서도
애틋하게 여긴다. 누명을 벗은 백광호가 다시 형사들 앞에 등
장하는 장면에서도 그는 벌컥 열린 다락에서 굴러떨어진다. 봉
준호에게 미끄러지는 행위는 존재의 유아적인 면모를 희극적
으로 표상한다. 요컨대, 〈괴물〉에서 괴물은 사람을 죽이는 생
명체지만, 한강 변을 공격적으로 뛰다가 미끄러지는 행동으로
엉성함을 드러내는데, 봉준호는 애초 이 괴수를 "굉장히 히스
테리컬한 십 대"[45]처럼 재현하는 게 목표였다고 말한다. 사악한
성질을 지니지만, 별반 무섭게 생기지는 않고, 그럼으로써 유

〈살인의 추억〉속 미끄러짐의 유희

희의 대상도 될 수 있는 존재 말이다.

냉혹한 자학,
우스갯소리의 송곳니

〈살인의 추억〉의 장면들에 헛웃음을 유발하는 남자들의 행태, 그러니까 범죄를 막지 못한 이유일지언정, 직접적으로 범죄는 아닌 짓들은 그저 모자란 남성성의 유아적인 초상에 불과할까. 한 장면에 그 반문이 새겨진다. 라디오에서 유재하의 〈우울한 편지〉가 흘러나오는 비 오는 밤, 이 신청곡이 범죄가 일어난 날의 패턴임을 알아낸 경찰 권귀옥(고서희)이 함정수사에 직접 나선다. 빨간 옷을 입고 우산을 든 권귀옥이 적막한 산길을 따라 걸어가는 동안, 저 멀리 숲속에서는 서태윤이 지켜보고 있다. 그때, 박두만과 조용구가 차를 타고 순찰하며 권귀옥을 지나쳐 간다. "그나저나 쟤 저러다 진짜로 당하면 어떡하냐"는 박두만의 말은 심드렁할 따름인데, 조용구가 치마 입은 권귀옥의 자태에 연신 감탄하자, 박두만이 운전 중인 조용구 성기로 갑자기 손을 뻗어 만지작거리며 놀린다.

　　두만: 쏠리냐?

용구: 아이 형님, 저 뭐 하시는 겁니까.

두만: 어디 커졌나 보자.

용구: 어, 지금 근무 중 입….

두만: 오, 용구!

이 장면은 함정수사의 실패를 보여 주려고 설계된 것이 아니다. 성적인 유대를 어린애처럼 표출하는 두 남자의 행태는 이 장면의 긴장감을 해소하는 코미디적 잉여가 아니라, 핵심이다. 이 대목의 우스꽝스러움에 봉준호가 감춰 둔 송곳니는 박두만의 말대로 '진짜 피해자가 될지도 모를' 여성 권귀옥에 조용구가 성적으로 흥분한다는 사실이다. 이것은 흘려 버릴 농담이 아니다. 영화가 둘의 태도를 천박하기는 해도 순박하게 그려서 금세 알아채기는 어렵지만, 봉준호는 여기서 잔인하게도, 함정수사에 걸려들지 않은 범인의 빈자리에 박두만과 조용구를 데려다 놓는다. 정한석은 〈마더〉 비평에서 봉준호의 "싸늘함에는 넘어진 자가 그 추한 자태를 그대로 전시하여 포기하면서 저항하는 자학적 냉혹함"이 있고, "그 꼴은 흉하지만 날카롭다"[46]라고 지적하는데, 그 말을 이 장면의 중층성에서 되새기고 싶다.

이 장면은 영화 후반부, 여중생이 희생되는 지점에서 다시 무섭게 돌이켜진다. 서태윤이 권귀옥을 보던 숲속에 범인이 서 있다. 숲속에 숨은 그의 시선이 서로 반대 방향으로 걸어가는 여중생과 간호사로 향해, 마치 먹잇감을 고민하듯 둘 사이를 움직인다. 영화에서 유일하게 등장하는 범인의 시점 숏이다. 범인의 정체는 끝까지 감춘 채, 영화가 허용한 그의 시점 숏이 "슬래서 영화의 관습"[47]을 따른다는 일련의 비판들에 봉준호는 이 결단의 필연성을 말한다.

> "그건 윤리적인 문제라기보다는, 범인이 어떻게 희생자를 선택하는가를 보여 주는 유일한 방법이었다. 왜냐하면 범인의 얼굴을 보여 줄 수 없으니, 주관적 시점을 선택하는 수밖에 없었다. 나는 그 장면에서 관객들이 범인의 시점에 동일시하기보다는 희생당하는 여자에 동일시한다고 생각한다. 그리고 나는 그 장면을 꼭 찍어야만 했다. 왜냐하면 연쇄살인의 의미는 그거다. 모두가 피해자가 될 수도 있고, 우리가 모르는 사이 죽음의 문턱까지 갔다 온 것일 수도 있는 거다."[48]

가해자의 시점 숏으로 피해자에게 동일시하게 된다는 그의 생각은 선뜻 수용하기 힘들기도 하지만, 이 방식이 그의 의도를 제대로 전달하는지도 의문이다. 하지만 이 시점 숏이 그보다 과격한 맥락에서 기능한다고 말해 볼 수는 없을까. 범인과 유사한 위치에서 권귀옥을 내려다보던 서태윤은 정작 범인이 여중생을 쳐다볼 때, 다른 데서 시간을 낭비한다. 교활하게 움직이는 범인의 시점 숏은 우선 더없이 무력한 형사의 시선을 상기한다. 무엇보다도 가해자의 시점 숏은 얼굴을 지운 상태로 묻는다. 이것은 함정수사 현장에서 '잠재적 피해자'를 성적으로 대상화하는 데 단 1초의 망설임도 없던 형사들의 시선과 얼마나 다른가. 시선의 결과에 천지 차이가 있으므로 둘을 연장선상에 두면 안 된다는 반론은 물론 가능하다. 하지만 적어도 이 대목에서 〈살인의 추억〉은 그 질문의 불씨를 꺼뜨리지 않는다. 봉준호는 무의미한 함정수사 장면의 서사적 의미를 여중생이 비참하게 살해당하는 장면에서 찾는다.

조용구의 다리가 파상풍으로 결국 잘리는 장면은 그가 무고한 시민들에게 군홧발로 저지른 폭력의 결과 혹은 "그때 우린 모두 불구였다"[49]는 실제 형사들의 고백처럼 시대적 무능을 지시하는 은유로 읽히곤 하지만, 그보다 더 가혹하게 말할 수도 있다. 그 장면에서 절단되는 것은 수치심 없는 남근이다. 수술대 위에 핏기 잃은 얼굴로 누운 조용구는 의아하게도 이후 영화에서 소리 없이 사라진다. 이것은 봉준호가 앞선 갈대밭 장면에, 함정수사 장면에, 그 시대의 썩은 뿌리인 남근중심주의에 내린 처벌일까. 박두만이 조용구의 책상 옆에 놓인 주인 잃은 신발, 한쪽에 여전히 덧신이 씌워진 군화를 애처롭게 바라보는 표정은 이 영화의 복잡한 속내이기도 할 것이다. 봉준호가 실제 형사들을 취재하면서 느꼈다는 "답답함과 혐오감", 동시에 "공감과 동정심"[50]이 이 장면에서 뒤섞여 〈살인의 추억〉의 남성성을 향해 탄식한다.

대답 없는 퀴즈

영화 초반, 첫 번째 사건 용의자들 사진을 들여다보는 박두만에게 구 반장이 다가와 퀴즈 하나를 낸다.

> 두만: 반장님, 내가 다른 건 몰라도 사람 보는 눈은 있다는
> 거 아닙니까. 그래서 이 순사 밥도 먹는 거고. 애들 다
> 나보고 무당 눈깔, 무당 눈깔 하는 이유가 따로 있다
> 니까.
> 구 반장: 인마, 그러면, 저기 앉은 저 두 놈 보이는겨? 둘
> 중에 한 놈은 강간범이고, 또 한 놈은 피해자 오빠라
> 이 말이여. 그러니까 피해자 오빠가, 지 여동생 이거
> 한 놈을 잡아 가지고 왔다 그거여. 응? 어느 놈이 강간
> 범인지 한번 알아맞혀 보시오.

건달처럼 보이는 남자와 그에 비해 얌전하게 생긴 남자가

나란히 앉아서 서류를 작성하는 중이다. 그러나 영화는 이들을 곰곰이 쳐다보는 "무당 눈깔" 박두만의 얼굴을 클로즈업한 후, 그의 대답을 들려주는 대신, 박두만과 애인 곽설영(전미선)의 섹스 장면으로 그냥 넘어가 버린다. "무당 눈깔"을 자부하는 박두만의 침묵하는 얼굴이나 퀴즈를 해결하지 않은 채, 다른 장면으로 이행해 버리는 편집은 이것이 답을 기다리지 않는 질문이라는 인상을 남긴다. 이 장면의 의미는 그리 어렵지 않다. 여기서 박두만의 아리송한 얼굴은 엉뚱한 용의자 백광호를 붙잡고 "어딜 쳐다보는지 알 수가 있나. 내 눈 똑바로 쳐다봐"라며 어리둥절하던 형사가 유력한 용의자 박현규(박해일)를 코앞에 두고 "모르겠다"라고 체념하는 "얼굴의 로드무비"를 예견한다.

　　"그 장면에 나오는 두 단역배우 중 누가 범인인지에 대해서는 저도 정하지 않고 찍었어요. 연기하는 배우들도 모르고 있었고요. 사실 그 장면에서 던진 질문이 영화 끝까지 이어지는 거죠. 두만은 직감을 신봉하는 형사지만, 클라이맥스에서 현규의 얼굴을 한참 노려보고도 그가 악마인지 억울한 용의자인지를 가려내지 못하잖아요? 그런 의미 때문에 그 장면에서 의도적으로 현규의 얼굴을 거의 정면 앵글로 찍었던 겁니다."[51]

이 퀴즈가 답을 건너뛴 질문으로 남겨진 건, 일차적으로는 무지의 얼굴 자체가 영화의 초점이기 때문일 것이다. 그런데 여기서 생각해야 할 건 무지 자체가 아니라, 그 이유다. 박두만은 왜 답하지 못하는가.

누가 강간범이고, 누가 오빠일까. 사실, 대답은 별로 궁금하지 않다. 이 퀴즈는 관객을 혼란에 빠뜨리는 속임수 같은 것이 아니다. 영화 또한 그 대답이 중요하지 않다고 여긴 건 아닐까. 퀴즈의 핵심은 성폭행 사건이 담론화되는 낡고 전형적인 방식, '가해자 남성'과 '여동생을 지켜 주지 못한 남성'이라는 가부장제의 익숙한 프레임 위에 질문이 놓인다는 사실이다. 무엇보다 이 질문에 피해자 여성의 존재감이나 서사는 없다. 이 퀴즈는 '가해자 남성'과 '여성을 구하지 못한 남성'을 도덕적으로 구분하는 일보다는 연쇄살인사건의 토대인 가부장제, 두 남자가 속한 남근중심적 사회구조를 수면 위로 끌어올린다. 그렇다면, 이 퀴즈에서 형사는 어디 위치하는가. 박두만은 강간범과 오빠를 판별할 수 있는 제3의 시선, 즉, 공권력의 눈을 자신하지만, 정작 퀴즈를 마주하고 침묵하는 그의 멍한 얼굴은 그들과 분리된 위치에서 객관적 관찰자가 될 수 없는 처지를 형상화하는 것 같다. 박두만이 퀴즈에 답하지 못한 건, 영화 속 남자 형사들이 퀴즈 외부에 존재하지 않기 때문이다.

자기를 보지 못하는 얼굴

조용구가 취조실에서 박현규를 폭행하고 신 반장(송재호)에게 꾸지람을 들은 날, 그는 백광호 부친이 운영하는 고깃집에서 대학생들로 보이는 이들 틈에 앉아 술을 퍼마시는데, 텔레비전에서는 뉴스가 나오는 중이다. 1986년 부천경찰서에서 경찰이 노동운동을 하다가 붙잡힌 여자 대학생을 성적으로 고문한 사건 소식이 보도되고, 한 남자가 수갑 찬 채 끌려가는 장면이 보인다. 술에 취한 학생들이 내뱉는다. "무식한 것들이 변태짓도 더 해요." "형사들이 원래 그래." 이 말에 조용구는 소주병을 들어 텔레비전을 박살 내고, 여학생 머리채를 쥐어 잡고 소리친다. "야, 너 교수랑 했지?" 뉴스 속 가해자와 조용구의 거리는 얼마나 멀까. 〈살인의 추억〉에 대한 평들은 이 영화가 80년대 남한의 국가적 폭력만이 아니라, 그에 공모한 형사들의 면면을 환기한다는 데 주목해 왔다. 그러나 이 대목이 선명히 보여 주듯 그들의 폭력성이 '남성성'에 기반한다는 점은 잘 언급되지 않는 것 같다.

조용구가 부순 텔레비전 속 뉴스는 그냥 고문이 아니라 '성'고문 사건을 다룬다. 박두만과 조용구의 갈대밭 장면, 함정수사 장면에 이어 고깃집 행패 장면에서 강조되는 건 형사가 자행하는 '성'폭력이다. 이 말이 과하게 들린다면, 이렇게 바꿔 말해도 될 것이다. 여자들이 강간 살해당한 사건이 그저 한 개인의 변태 성향에 국한된 것이라고, 형사들과 국가기구의 성 인식과 분리된다고 말할 수 있는가. 봉준호는 남성성의 유아적 면모를 우스꽝스럽게 그리면서도 이처럼 매몰찬 반문을 끼워 넣는다. 조용구의 다리가 백광호가 휘두른 각목에 맞아 절단되는 계기는 바로 이 장면에 존재한다.

　그러니 다시 물어보자. "무당 눈깔" 박두만은 왜 범인의 얼굴을 보지 못하는가. 그건 그가 자신의 얼굴을 보지 못하기 때문이다. 점점 텅 비어 가는 박두만의 얼굴 클로즈업으로 영화가 전시하는 바는 그 사실이다. 박두만은 프롤로그에서 수로 밑 여성 시신을 반사해 보던 거울로 자기 얼굴은 비추지 못한다. 〈살인의 추억〉은 사건에 구조적으로 연루된, 혹은 무의식적으로 무감하게 공모한 자기 내부의 얼굴은 인지하지 못한 채, 바깥에서 하염없이 범인을 찾아 헤매는 남성성의 세계다. 이 영화가 한탄하는 건 전근대적이고 강압적인 시대의 무능이기 전에 자신을 인지하지 못하는 남성성의 무지다. 봉준호는 범인의 얼굴을 영원한 미지에 빠뜨리고 내부의 무지한 얼굴을 전체로 확장하며 이 세계를 자기동일적으로 만듦으로써 조금 더 나은 남성과 더 나쁜 남성의 경계, 전자가 후자를 처벌하는 구도를 무화한다. 이렇게 본다면, 이 영화의 결말은 체념보다는 남성성의 혹독한 자기인식에 더 가까워진다.

'본 자'의 말로

물론 이 영화에는 예외적인 존재가 있다. 그는 서울 시경에서 온 경사, 서태윤이다. 그는 직감보다 서류를 믿고, 박두만과 조용구의 무식한 수사 방식을 비웃으며, 이 사건의 패턴을 처음으로 찾아낸다. 앞선 갈대밭 장면에서 서태윤은 박두만, 조용구가 실뜨기하는 전경이 아니라, 시신이 숨겨진 갈대밭 안, 후경에 당당히 속한다. 수사와 관련되지 않은 장면, 요컨대 그의 취향이나 사생활을 짐작할 만한 순간은 등장하지 않는다. 기껏해야 그가 중국 음식점에서 짜장과 면이 섞여 나왔다고 짜증 내는 대목 정도가 전부다. 무엇보다도 룸살롱 장면은 그가 박두만, 조용구와 다른 결의 남성임을 보여 주고 싶어 한다. 박두만이 마이크를 들고서 능글맞게 홀을 누비고 조용구와 신 반장이 업소 여성들을 끌어안고 춤추는 동안, 서태윤은 멀리 떨어진 자리에서 지루한 표정으로 과일을 깎고 있다.

그러나 사건의 블랙홀 앞에서 그의 '다름' 역시 기능하지 못한다. 기껏해야 여중생의 다친 등에 작은 반창고를 붙여 주고, 시신이 되어 비에 젖은 그 등을 옷으로 가려 주는 일이 그가 할 수 있는 행위 전부다. 두 번의 손짓으로 영화가 의도한 성급한 감상에는 동의하기 어렵지만, 그건 서태윤의 이성이 행동으로 실현되지 못하고 맥없이 무너져 내리는 과정을 보여 주려는 설정이기도 할 것이다. 결국 영화 후반부에 그는 가장 광적인 태도와 얼굴로 사건의 블랙홀에 갇혀 버린 인물이 된다. 박현규의 DNA가 범인의 유전자와 일치하지 않음을 알게 되는 마지막 터널 장면에서 그는 이성을 완전히 잃은 모습이다. 그런데 영화 속, 터널의 결말과 에필로그 사이에는 생략된 장면이 있다. 박두만이 지하 취조실에 내려와 서태윤에게 작별 인사를 한 후, 서태윤이 덩그러니 남는 상황은 오리지널 시나리오(S# 111)에서 다음과 같이 묘사된다.

마지못해 악수하는 태윤의 이상한 눈빛, 두만을 똑바로 쳐
다보지 않는다.
잠시 태윤을 바라보다 취조실을 나가 버리는 두만… 텅 빈
취조실에 덩그마니 혼자 남는 태윤.
(장면 바뀌면…) 취조실 벽에 이마를 대고 멍하게 서 있는 태윤.
취조실 형광등이 수명이 다했는지 껌뻑거리기 시작한다.
태윤, 자기도 모르게 벽에 이마를 쿵… 쿵… 찍기 시작한다.
조금씩, 조금씩 더 세게….
순간, 형광등이 번쩍할 때… 뭔가를 본 듯, 눈동자가 옆으
로 고정되는 태윤!
머리를 벽에 찍던 동작이 움찔 멈춰 선다.
순간적으로 취조실 의자에 검은 그림자 하나가 앉아 있는

것이 보인다!

그러나 곧 검은 암흑… 다시 순간적인 형광 불빛… 다시 긴
　　암흑….

떨리듯 눈을 껌뻑이는 태윤… 다시 순간적으로 보이는 검
　　은 그림자!

미친 듯이 벽에 머리를 찍는 서태윤… 점점 더 빠르게 번쩍
　　거리는 형광등….

공포에 떠는 태윤의 눈빛은 계속 옆쪽을 응시하고,

'아ー악' 비명과 함께 피가 터질 만큼 세게 벽에 머리를 찍는
　　순간….

검게 암전되는 화면… 고요한 정적이 지나고, 음산한 바람
　　소리가 들려오기 시작한다.

태윤이 감았던 눈을 서서히 뜨듯, 화면 조용히 페이드인되
　　면….

눈앞에 넓게 펼쳐진 들판이 보인다. 세상의 끝과 같은… 어
　　둡고 황량한 들판….

바람 소리 가득한 들판 가운데의 논둑 위로 나란히 앉아 있
　　는 여자들의 뒷모습.

모두들 벌거벗은 모습이다.

끄트머리에 조그맣게 앉아 있는 소현… 바람에 날리는 짧
　　은 머리, 등뼈가 도드라질 듯 가냘픈 체구.

태윤을 바라보듯 살며시 뒤돌아보는 소현… 무표정한 얼
굴, 말 없는 눈동자….

서태윤은 자학하고, 죽은 여자들의 원혼이 그를 덮치며, 살
해된 여중생 김소현(우고나)이 그 앞에 나타난다. 시나리오에 기
술된 내용을 근거로 상상해 보자면, 이 장면은 〈살인의 추억〉
의 전반적인 분위기와 확연히 구별된다. 〈살인의 추억〉을 잠식
한 어둠이 이 장면에서만큼은 극적인 장치와 과잉된 이미지로
묘사된다. 무엇보다 지하 취조실에서 서태윤의 내면 저 깊은
곳으로 이동하는 설정은 이 영화를 초현실적인 지대로 데려가
죽은 여성들을 '호러'로 불러낸다.

그런데 실제 촬영했으나 본편에서는 빠진 장면은 시나리오
와 다소 다르다. 〈살인의 추억〉 블루레이에 공개된 장면은 이
렇다. 더없이 초췌한 서태윤의 시선이 취조실 책상으로 향한
다. 깜박이는 전등 아래, 텅 빈 책상 장면과 마치 무언가에 홀
린 듯한 그의 얼굴이 교차한다. 그때 손 하나가 서태윤의 어깨
로 스르륵 올라온다. 영화는 뒤돌아 올려다보는 서태윤의 얼굴
을 비출 뿐, 손의 주인인 검은 형체가 누구인지 혹은 무엇인지
보여 주지 않는다. 그 손은 범인의 '부드러운 손'을 연상하게 하
고, 포박되어 죽은 여성들의 손 또한 떠오르게 한다. 빛과 어둠
을 적극적으로 대비하며 제한된 공간에서 배우의 표정을 극단

으로 끌어올리는 표현주의적인 설계는 강렬하지만, 불현듯 나타난 손의 모호함이 오히려 이 장면에 작위성을 더한다고 볼 수도 있다. 봉준호의 말대로 이 부분은 "뒷마무리를 위한 뒷마무리의 느낌"*이 나기도 하고, 영화 전반의 리듬을 해치는 인상도 든다. 그러나 더러 설명적이라도 이 장면이 터널 클라이맥스에 이어진다면 어땠을까. 혹은 시나리오에서처럼 살해된 여자들이 서태윤의 악몽 속 귀신으로 출현한다면? 우리는 완성된 영화를 토대로 말할 수밖에 없으므로 이 물음은 큰 의미가 없다. 다만, 삭제된 장면이 앞서 말한 서태윤의 예외성을 다른 방향에서 재고하게 한다.

서태윤은 박두만과 달리, 결국 무언가를 보는 자다. 박두만이 스릴러와 코미디의 세계에 존재한다면, 서태윤은 이 끝에서 결국 호러의 세계에 이른다. 공포와 당혹감에 젖어 눈물을 글썽이는 그의 얼굴은 불가해한 타자를 대면한 표정이자, 타자의 얼굴에서 비로소 자신의 정체를 마주한 자의 모습인지도 모른다. 여기서 서태윤의 얼굴은 끈질기게 바깥만을 쳐다보는 박두만의 얼굴과 다르다. 서태윤의 두려움, 무엇보다 죄의식, 나아가 자기혐오에 휩싸인 얼굴은 앞서 말했듯, 〈살인의 추억〉이 '혹독하게' 주시하는 남성성의 자기동일적 세계에 일어난

---

* 〈살인의 추억〉 DVD 코멘터리에서 봉준호는 이 장면의 삭제 여부를 두고 스태프들과 이견이 있었다고 밝힌다.

균열이다. 그러므로 이 장면은 애초 삭제될 수밖에 없는 운명이었는지도 모른다. 조용구는 다리가 잘린 후, 서태윤은 무언가를 본 후, 더 이상 이 세계에 속할 수 없다. 2003년의 에필로그에서 박두만만이 프롤로그와 같은 자리로 돌아와 또다시 화면 바깥으로 시선을 던지는 건 그저 우연이 아니다.

자멸하는 남성성

또 다른 의미에서 예외적인 존재는 박현규다. 그는 이 영화에서 가장 이해되지 않는 인물이다. 혼자 살며, 공장에 근무하고 라디오 프로그램에 유재하의 '우울한 편지'를 신청하는 엽서를 자주 보내며 손의 감촉이 부드럽다는 사실 외에 그에 대해 주어진 정보는 없다. 그는 형사들의 가혹한 취조에 그리 적극적으로 항변하지 않는다. 그에게는 어딘지 체념적인 구석이 있다. 그는 영화 속 다른 남자들과 여러 면에서 확연히 달라 보인다. 봉준호는 시나리오를 쓸 때부터 사슴 같은 눈망울과 예쁜 손을 가진 정체가 묘연한 캐릭터에 박해일을 염두에 두었다고 공공연하게 밝혀 왔다. 감정이 잘 드러나지 않는 표정, 잘 열지 않는 입, 고운 얼굴선과 우수에 찬 눈빛은 완전범죄를 숨기는 고도의 연기로 볼 수도 있지만, 일단 우악스럽게 힘을 과시하는 형사들이나 촌구석의 이상한 용의자들의 외형과는 완전히 다른 무엇이다. 그와 여성이 함께 자리하는 장면은 단 한 번도 나오지 않는다(그가 권귀옥과 단둘이 취조실에 있는 대목은 편집에서 삭제된 장면 중 하나다). 섬세하고 지적인 분위기를 풍기는 그는 형사들에 비한다면 차라리 무성적 존재로 느껴진다.

다른 용의자들과 비교해도 그의 전사, 환경, 캐릭터 등은 설명되지 않는다. 요컨대, 용의자 조병순(류태하)은 병색이 짙은 아내와 철부지 아이들을 돌보는 가난한 가장이자 성실한 교인인 동시에, 쌀통에 도색잡지를 감춰 두고 밤이면 무덤 옆에서 여자 속옷을 입은 채 변태 짓을 하는 남자로 그려진다. 형사들과 조병순이 무덤가에서 채석장까지 뛰는 추격전의 긴 동선, 조병순이 취조실에서 처음에는 고문에 못 이겨, 나중에는 뭔가에 도취된 듯 내뱉는 극적인 말들은 장르적인 설정에서 비롯된 것이긴 해도 이 인물의 맥락을 입체적으로 묘사한다. 그러나 같은 용의자로서 박현규의 서사적 구체성은 여실히 떨어진다. 마지막 터널 장면을 지나서도 우리는 그가 누구인지 알 수 없다. 유전자 검사 결과가 나오기 전에도 그를 범인으로 지목할 만한 요소들은 미약하다. 봉준호는 박현규가 그를 악마로 믿고 싶은 형사들의 욕망을 투사한다는 점에서 "캐릭터가 아니라 포지션인 셈"[52]이라고 설명한다.

영화가 이렇게 모호한 시선으로 박현규에 접근한 이유 중

강압수사와 허위자백 2 — 경찰은 1990년 11월 15일에 일어난 9차 사건의 용의자로 윤동일을 지목하고 범인으로 공식 발표했다. 그러나 현장검증 과정에서 그는 기자들에게 자신은 범인이 아니며 고문이 무서워서 허위자백했다고 외쳤다. 검찰은 이 사실을 수상히 여겨 초동수사 과정에서 경찰이 피해자에게 채취한 정액과 윤동일의 혈액을 일본 과학경찰연구소에 보내 감식을 의뢰했다. 1991년 2월, 일본 과학경찰연구소는 사건 현장에서 발견된 체액이 윤동일의 것이 아니라는 결과를 알렸다. 그러나 경찰은 유전자 검사 결과가 나온 뒤, 윤동일을 비슷한 시기에 일어난 성추행 사건의 주범으로 다시 엮는다. 그는 고문과 협박에 못 이겨 또다시 허위자백하지만, 변호사에게 범인이 아니라고 주장했으며, 피해자 또한 그가 범인이 아니라는 사실을 진술했다. 그러나 경찰은 변호인 접견 보고서와 피해자진술조서를 조작했고, 윤동일은 1991년 수원지법 1심에서 징역 2년 6개월에 집행유예 3년을 선고받았다. 그의 형 윤동기는 "구속 3개월 만에 동생이 석방되자 성추행 피해자의 부친이 찾아와 미안하다고 사과했다. 화성 경찰에서 매일같이 와서 윤동일을 딸 강제추행범으로 지목해 달라고 하는 바람에 마지못해 동의해 주었다며 사실을 털어놓아 속이 후련하다고 했다"고 밝혔다. 출소 뒤, 윤동일은 희귀암 판정을 받고 10개월 만에 사망했다. 정희상, 〈화성 연쇄살인 엉터리 수사가 앗아간 30년〉, 《시사IN》 719호, 2021년 7월 5일. https://www.sisain.co.kr/news/articleView.html?idxno=44913

윤동기는 당시 수사기관이 별도의 사건을 조작해서 동생에게 혐의를 뒤집어씌웠다고 주장하며 법원에 재심을 청구했고, 2024년 7월 재심이 결정됐다. 수원지법은 "기록에 의하면 당시 수사관들은 피고인을 불법 구금한 것으로 보이며, 경찰서 인근 여인숙 등으로 데리고 다니거나 잠을 재우지 않은 강압적 상태에서 조사한 사실이 인정"되고 "피고인은 수사관들로부터 가혹 행위를 당하며 허위로 진술서 내지 자술서를 작성한 것으로 보인다"며, "(공소시효가 지났지만) 과거사위원회의 진실규 하나는 그가 실존 인물을 참고해서 구축되었기 때문이다. 봉준호가 직접 만났던 형사 일부는 여전히 그를 범인으로 여기기도 했지만, 봉준호는 개봉 뒤, 이 인물이 허구라는 점을 재차 강조했다. 9차 사건의 용의자로 몰렸던 그의 유전자가 피해자 몸에서 발견된 것과 불일치한다는 검사 결과, 그가 1997년에 암으로 사망했다는 사실은 시나리오를 쓰는 동안은 물론 개봉 후에도 봉준호에게 큰 부담을 안겼다. 2024년 현재 상황과 비교해, 봉준호가 취재하던 당시에는 그의 결백을 입증할 만한 자료 상

명 결정 등에 의해 공소의 기초가 된 수사에 관여한 사법경찰관이 그 직무에 관한 죄를 저질렀음이 증명된 경우에 해당하므로 재심사유가 있다"고 밝혔다. 김산, 〈'이춘재 연쇄살인' 용의자 몰렸던 고(故) 윤동일 씨 33년 만 재심〉, 《경인일보》, 2024년 7월 10일. http://m.kyeongin.com/view.php?key=20240710021428786; 이영주, 〈'이춘재 연쇄살인사건' 용의자로 몰렸던 33년만 재심〉, 《연합뉴스》, 2024년, 7월 10일. https://www.yna.co.kr/view/AKR20240710114000061?input=1195m

윤씨 측 변호인 박준영 변호사는 "현재 경찰들의 (고문, 폭행 혐의에 대한) 공소시효는 지난 상황"이지만 "(경찰들이 증인신문에서) 위법이 없었다고 주장할 경우, 위증을 문제 삼을 수는 있을 것 같다"고 말했다. 또 "현재 5억 3천만 원 규모의 국가배상소송도 따로 진행 중"이라고 설명했다. 변근아, 〈이춘재 연쇄살인 용의자 몰렸던 고 윤동일 씨 형 "가족들 고통 속 살아와"〉, 《뉴시스》, 2024년 9월 3일. https://www.newsis.com/view/NISX20240903_0002873389

당수가 베일에 가려져 있었겠지만, 그로서는 매우 조심스럽게 대할 수밖에 없는 사안이었을 것이다.

"실제 인물을 모티브로 삼았고, 진실은 밝혀지지 않았으므로 관객들이 박현규를 범인으로 백 퍼센트 확신할 수 없게 하는 장치가 필요했다. 범인 같지만, 아닐 수도 있는 여지를 두는 일은 사실 연출하는 동안 나를 가장 힘들게 했던 부분이었다. 예를 들어, 촬영 중에 가장 골치 아팠던 부분은 하다못해 박현규의 의상까지 다 통제해야 하는 것이었다. 서태윤이 그를 미행하는데 박해일이 입은 옷이 파란색이고, 그 이후에 범행 장면을 보여 줄 때, 범인의 손만 보인다고 해도 손목으로 내려온 옷 색깔이 파랗다면, 관객들은 박해일이 범인이라고 확신할 테고, 다른 색이면 또 아니라고 확신할 것이다. 그래서 그런 부분을 최대한 애매하게 처리하는 데 무척 주의를 기울였다. 의도적으로 범인의 행위는 3명이 연기하도록 했다. 박해일이 한 부분도 있고, 연출 스태프가 한 장면도 있고, 영화과 학생이 단역으로 한 것도 있었다."[53]

그런데 봉준호가 '도덕적'인 의도와 드라마 구조의 지속성을 위해 박현규를 영화 끝까지 범인으로 특정하지 않은 덕분에 그의 의도와 별개로 이 인물은 1980년대 한국 사회를 구성하는 또 다른 남성성의 맥락에서 읽히기도 한다.

평자들이 박현규에게서 느낀 위장취업한 대학생의 이미지는 엉뚱한 인상만은 아니다. 박두만과 조용구가 당대 군사정권의 초상이기도 하다면, 박현규는 그와의 싸움에 지고 시골에 칩거한 젊은 지식인의 형상처럼 보이기도 한다. 범인을 잡지 못하는 형사의 무능력함과 시대에 저항하지 못한 지식인의 무기력함. 여중생이 살해당한 후, 서태윤이 박현규의 집을 덮쳤을 때, 그는 소주병이 나뒹구는 방에 웅크려 자는 중이었다. 그가 다른 용의자들처럼 형사를 피해 도망치는 장면은 등장하지 않는다. 그는 저항 없이 이미 취조실에 와 있거나, 터널 앞에서 무참히 두들겨 맞고 있다. 그가 서태윤을 노려보며 "그래, 내가 죽였다. 내가 다 죽였다!"라고 울부짖을 때, 자신의 결백이 증명됐음에도 항변하지 않고 수갑을 찬 상태로 터널의 검은 입속으로 절뚝이며 사라져 버릴 때, 이것은 시대에 자포자기한 채 투항하는 혹은 자멸하는 지식인 남성의 징후적 이미지가 아닐까. 이듬해, 현실에서는 민주주의 혁명이 일어나 시민들이 광장으로 뛰쳐나오지만, 봉준호는 〈살인의 추억〉 속 터널의 암흑을 사건의 진실, 여성의 시신, 공권력의 무능만이 아니라, 정치적 패배 의식이 요동하는 블랙홀로 만들어 버린다. 박현규가 터널 속으로 자취를 감추는 모습은 박해일이 〈괴물〉에서 학생운동의 이력을 가진 백수로 나오는 설정, 그가 괴물을 향해 던진 화염병이 불발되고 마는 장면을 새삼 되짚게 한다.

'부실한' 남성성의 운명

〈살인의 추억〉에서 범인이 끝내 알려지지 않는다는 전제만큼 중요한 건 목격자는 모두 죽는다는 설정이다. 목격자가 모두 제거되어야 그 전제가 지켜지므로, 둘은 결국 같은 말일 것이다. 이 영화 속 유일한 남자 목격자는 백광호다. 박두만과 서태윤이 전봇대에 올라간 백광호에게 범인 얼굴을 보았는지 묻는 후반부 대목에는 플래시백이 삽입되는데, 볏짚단 속에 숨은 광호의 시점으로 범인이 여자를 묶는 장면이 나온다. 범인의 "잘생긴" 얼굴을 세 번 봤다는 광호의 대답 뒤에는 사건 현장을 부감으로 비추는 장면이 이어진다. 두 번의 플래시백으로 사건의 핵심 근처까지 도달했을 때, 형사들이 들이민 박현규의 사진 앞에서 백광호는 난데없이 묻는다. "불이 얼마나 뜨거운지 알아?" 그리고 자신을 향해 뛰어오는 아버지를 가리키며 말한다. "어렸을 때 나 아궁이에 집어 던졌다, 저 사람이." 결국 철로로 도망간 그는 기차에 쳐 죽고 박두만의 얼굴은 그의 피로 뒤덮인다. 앞선 취조실과 숲속의 폭력적인 장면에서 백광호는 얼마간 희극적인 역할을 하지만, 여기서 그는 더 이상 웃기지 않다. 그는 범인을 코앞에서 본 유일한 사람이지만, 그의 기억이 사건의 진실 가까이 다가선 순간, 화상의 트라우마 또한 깨어나고 그를 결국 달려오는 기차 앞에 서게 한다. 이 가여운 존재가 맞이한 잔혹한 결말에는 어떤 의미가 있을까.

허문영은 백광호를 〈마더〉의 종팔이(김홍집)와 유사한 맥락에 두고 분석한다. 이들은 유일하게 사건의 진실을 보는 존재지만, 본 것을 말할 수 있는 능력이 부족해서 봉준호의 세계를 결국 "헛소동의 이야기, 영점zero degree으로 돌아가는 이야기"로 만들며 스릴러 구조를 "무력화"하는 요인으로 작용한다는 것이다. 봉준호는 이에 동의하며 자신의 영화가 "오해와 헛소동"에 늘 매혹되지만, "세상은 그 모든 게 헛소동이라는 걸 인정하고 싶어 하지 않"기에 백광호 같은 인물을 내세울 수밖에 없다고 부연한다.[54] 사건은 일어나지만, 이야기를 원점으로 돌아오게 하는 자들, 〈마더〉의 종팔이나 〈플란다스의 개〉의 노숙자처럼 죄를 대신 짊어지고 감옥으로 가는 인물들. 여기에 봉준호가 덧붙이는 말이 흥미롭다. "백광호처럼 스스로 죽음을 택하든가."[55] 그러니까 봉준호는 백광호의 죽음을 사고가 아닌 자살로 본다.

봉준호의 스릴러에서 죽음은 당연히 낯선 사건이 아니지만, 자살은 〈괴물〉의 프롤로그에 등장한 사내의 경우를 제외하면 딱히 떠오르지 않는다. 백광호의 죽음이 자살이라면, 그것은 사리 분별에 어두운 자를 덮쳐 버린 불운한 사건이 아니라, 영화가 심어 둔, 혹은 백광호가 전하는 메시지로 받아들여야 할까. 〈괴물〉에서 한강을 들여다보다 "끝까지 둔해 빠진 새끼들!"이라고 내뱉으며 바로 물속으로 투신하는 사내는 박강두(송강호) 가족의 이야기와 아무런 관련이 없지만, 이 영화 전반을 내리치는 반문으로 거듭 귀환한다. 백광호가 화면에서 사라지기 직전, 철로에 서서 박두만에게 외친 말은 "오지 마, 가!"다. 이 말은 박두만의 세계를 찌를 수 있을까.

> 두만: 너 이 얼굴 보고 여자들이 싫어하지, 씨발, 찡그리고 막 도망 다니지?
>
> 광호: 맞다 다 죽여 버릴 거다. 내 얼굴 보고 찡그린 애들 다 죽여 버릴 거다. 히히히. 내 얼굴 보고 찡그린 애들 내 머릿속에 다 있다. 히히히.
>
> 두만: 향숙이도 있었어?
>
> 광호: 향숙이?
>
> 두만: 이향숙이, 너 향숙이 좋다고 맨날 따라다녔잖아.
>
> 광호: 향숙이 예쁘지.
>
> 두만: 어이 이쁘지. 근데 향숙이가 찡그렸구나. 너 얼굴 보구, 씨발, 저리 가 막 이렇게. 넌 좋아서 그러는데. 이 씨발 그렇게. 너 죽여 버렸다 그지? 응?

백광호가 죽기 전 한 말에 따르면, 그를 무슨 이유에서인지 아궁이에 던져 화상을 입게 한 사람은 그의 아버지다. 아마도 그 사건이 백광호에게 지적장애를 일으켰을 것이다. 박두만은 그의 화상자국을 남성성의 '열등한' 얼굴로 몰아붙이며 그를 범인으로 몬다. 그리고 얼마 뒤 백광호는 "잘생긴" 박현규의 사진을 보며 불과 관련된 트라우마를 두렵게 떠올린 뒤, 죽는다. 여기 어떤 논리적 인과가 있다고 보는 건 과도한 해석이겠지만, 이 사실들이 뒤엉켜 서로를 비추는 자리에 백광호라는 인물이 놓인다고 말할 수 있을 것이다.

가부장제 속 폭력의 목격자이자, 희생자이자, 무엇보다도 상징계에 이르지 못한 '부실한' 남성성. 백광호가 죽는 순간은 그런 존재가 남근중심적 세계에서 퇴장하는 순간이다. 〈괴물〉의 사내가 동료들과 세상을 향해 "둔해 빠진 새끼들!"이라고 힐난하며 한강에 몸을 던질 때, 괴물의 잔상을 알아채지 못하는 무감한 동료들과 부패한 사회구조에 영원히 안녕을 고하는 행위에는 도덕적 우월감이 있다. 그에게는 잠시일지언정 '본자'의 위엄이 깃든다. 그러나 백광호가 기차에 치여 세계에서 스스로 사라지는 장면에는 무엇이 있는가. 이 영화에서 가장 유약한 남성이 스스로 물러났다는 사실, 그리고 박두만의 얼굴 여기저기에 튄 피 외에는 무엇도 남지 않는다. 아이러니하게도 그것이야말로 백광호의 자살이 남긴 진실이다.

4장
눈을뜬여성들

"니가 본 게 이 얼굴이야?"

살아남은 여자

〈괴물〉에서 현서(고아성)를 마지막까지 본 세주(이동호)는 현서 덕분에 살아남고, 강두는 세주를 품고 한강의 어둠을 응시한다. 〈마더〉에서 도준(원빈)의 범죄를 목격한 고물상 노인은 엄마에게 살해되고 무고한 소년이 감옥에 갇히며, 엄마는 아들을 지킨다. 미세하게 다른 방향으로 작은 변화가 일어나거나(〈괴물〉), 사악한 방식으로라도 사건은 적어도 종결된다(〈마더〉). 그러나 〈살인의 추억〉에서 본 자는 어김없이 죽고, 죽음은 그저 죽음일 뿐이다. 영화 속 희생자 여성들에 대해 이제는 말해야 할 것이다.

서태윤이 이 사건의 유일한 생존자인 여성*과 처음 만나는 순간은 마치 다른 영화의 장면으로 전환된 것처럼 여러 면에서 이질적이다. 수사에 난항이 거듭되자, 그는 함정수사 당시 우연히 마주친 여중생들에게 들은 소문, "범인이 변소 밑에 숨어 있다가 밤중에 나온다"는 이야기를 따라 학교를 찾고, 변소 앞에서 마주친 양호 선생은 학교 뒤, 배추밭에서 울던 여자에 대해 말해 준다. 서태윤이 배추밭 건너에서 발견한 언덕 위의 집은 쓰러지기 직전 폐가의 이미지인데, 집 마루에 앉아 있던 여

---

* 크레디트에서 "언덕녀"로 칭해지는 이 여성은 서영화가 연기했다.

자가 황급히 안으로 들어간다. 문 창호지에 뚫린 구멍으로 여자의 눈이 보인다. 얼굴 없이 화면에 새겨진 그 눈은 왠지 소름 끼친다. 그러나 그것은 정작 범인의 얼굴은 보지 못한 눈이다. 이어지는 장면에서 여자의 이야기를 듣는 사람은 서태윤이 아닌 권귀옥이다.

> 여자: 그 여자들 살해된 방법이 완전히 똑같아. 내가 당한
>   거랑 똑같아.
> 귀옥: 얼굴은 보셨어요?
> 여자: 그놈 얼굴 안 보려구, 계속 고개를 숙이고 있었어요.
>   얼굴 봤으면 아마 나 죽였을 거예요. 딴 건 모르겠는
>   데, 그거 하난 확실하게 기억나요. 손이 정말 부드러
>   웠어요.

당시의 기억을 떠올리는 말 사이사이, 범인이 여자의 입에 재갈을 물리고, 목을 묶고, 얼굴에 속옷을 씌우는 장면이 플래시백으로 삽입된다. 다른 희생자들과 비교해 이 여자에게는 목소리가 부여되고 미약하게라도 서사적 맥락이 생기지만, 그의 모습은 강간 피해자가 재현되는 기존의 방식에서 크게 벗어나지 못한다. "그녀만 유일하게 피해자의 입장과 감정을 전달할 수 있는" 사람이므로 "피해자로서 규정된 느낌이 중요"[56]했다

는 봉준호의 말은 그 이미지의 근거이자 한계를 설명한다. 이 장면에서 여자와 관련된 모든 것, 이를테면 광인의 공포에 젖은 눈빛과 불안에 떨리는 목소리, 사회로부터 고립된 집의 지나치게 음울하고 어수선한 분위기 등은 그의 '피해자성'을 극적인 이미지로 가리킨다. 더욱이 플래시백에서 범인의 얼굴을 대신해 거듭 전시되는 건 속옷을 뒤집어쓴 채 바닥에 널브러져 고통스러워하는 여자의 얼굴이다.

범인을 보았다면 틀림없이 죽었을 것이라는 여자의 말이 이와 같은 플래시백의 불가피함을 설명해 준다고 해도, 영화에서 생존자의 기억으로 세세히 묘사된 성폭행 장면이 외설성을 피해 간다고 보긴 어렵다. 여자가 서태윤을 발견한 뒤, 방 안으로 들어간 앞선 대목에서 서태윤은 빨랫줄에 걸린 여자의 속옷가지를 물끄러미 쳐다본다. 서태윤의 시점으로 제시되는 속옷 장면은 이어지는 플래시백 속, 자기 속옷에 결박된 여성의 처참한 이미지를 예견하려는 것일까. 바람에 너풀대는 속옷 장면의 쓸모, 그것이 자아내는 분위기와 감정은 어쩐지 개운하지 않다.

죽음의 서스펜스

이미 살해된 채 등장하는 여성들과 달리, 박명자(이훈경)와 여중생 김소현의 경우는 죽기 직전의 상황이 그려진다. 형사들이 함정수사에 동원되던 시간에 박명자는 공장 앞 벌판에서 네 번째 피해자가 된다. 그는 집에서 저녁상을 차려 놓고 남편을 기다리던 중, 비가 쏟아지자 전화를 받고 우산을 챙겨 공장으로 향한다. 노래를 흥얼대며 깜깜한 논길을 걸어가는데, 뒤에서 휘파람 소리가 들린다. 박명자는 뒤를 돌아보지만, 아무도 없다. 다시 걸음을 옮길 때, 어디선가 소리가 따라온다. 그가 멈춰 서서 왼쪽으로 고개를 돌리면 화면 오른편에는 저 멀리 거대한 공장이 마치 이 상황을 내려다보듯 우뚝 서 있다. 박명자가 뛰기 시작하자 논 아래에서 범인의 머리가 흐린 실루엣으로 보이더니 단숨에 그를 덮친다. 다음 장면에서 박명자는 손이 묶인 채 뜬 눈으로 발견된다.

봉준호는 영화 전체에서 이 장면을 찍는 데 가장 어려움을 겪었다고 고백한다. 그의 원래 구상은 "완전히 칠흑 같은 밤"에 논에서 벌어지는 사건을 "전적으로 사운드"에 의존해서 표현하는 것이었다. 일반적으로 스릴러의 긴장과 공포는 시야가 닿지 않는 곳에서 조성되지만, 이 장면에서는 탁 트인 논을 배경으로, "가장 안전해 보이는 논이 가장 무서운 곳으로 변하게 되는"**57** 과정을 재현하고 싶었다는 것이다.

　"그 장면은 사실 내가 의도한 대로 되지 않아 결국엔 영화에서처럼 간 거다. 자세히 보면 그 장면은 사운드와 음악에 의존하고 있다. 비 오는 밤 신이 워낙 어렵다. 게다가 그 신은 범인과 피해자의 대결을 보여 주는 유일한 신이지 않나? 장르적으로는 관습적인 장면일 텐데, 개인적으로 나는 서스펜스와 서프라이즈 중에 서스펜스 효과가 더 잘 드러나길 바랐다. 그런데 현장 상황 등이 안 좋게 되면서, 서스펜스 효과보다는 음악과 사운드에 의존한 서프라이즈 장면이 되고 말았다. 원래는 가을의 논 풍경에 의지하고 싶었다. 가을밤 논은 워낙 무성해서 성인 남자가 들어가 앉아도 보이지 않는다. 찬 바람이 불 때, 논에 잔물결이 일고 벼들이 흔들린다. 그 안에 있는 익명의 남자가 마치 물속에서 움직이듯이 불쑥 나타났다 사라지면서 점점 다가오면 무시무시할 것 같았다. 그 남자가 비바람이 치는 가을밤에 마치 잠수하듯이 벼 사이로 사라지거나 나타나는 효과를 섬뜩한 서스펜스로 보여 주고 싶었는데 안 된 거였다. 촬영 직전에 태풍이 한 번 지나가는 바람에 벼가 다 쓰러져서 서로 엉켜 있었다. 게다가 비까지 뿌리니, 설상가상이었다. 처음 헌팅 가서 선택했을 때의 그 출렁이는 느낌이 전혀 없었던 거다. 그래서 어쩔 수 없이 충격 효과라도 넣으려고 범인이 여자의 후레쉬 앞으로 확 튀어나오게 한 것이었다."[58]

이 장면의 동선과 리듬은 분명 장르의 관습에 빚지고 있다. 봉준호가 이 장면이 의도대로 풀리지 않았다고 한 건, 살해당한 여자의 시점이라고 할 만한 유일한 순간이 장르적으로 찍혀서가 아니라, '서스펜스'보다는 '서프라이즈'의 효과를 내고 말았기 때문이다. 그는 이 장면을 윤리적 정당성보다는 미학적 욕망으로 대한다.

〈살인의 추억〉에서 남성성을 바라보는 시선의 복합성과 그 장면들이 잠재하거나 구축하는 날 선 자문에 비한다면, 피해자 여성들의 장면은 장르의 관습에 기대어 종종 피상적으로 재현된다. 하지만 이를 이 영화의 솔직함으로 여길 여지가 없는 건 아니다. 제작 당시로는 '미제'였던 연쇄살인사건을 형사의 시점으로 바라보기로 한 영화에서 형사와 피해자의 서사를 균형 있게 배치하고 둘의 시선을 고르게 분배하는 건 거짓된 방식이 아닐까. 사건 현장을 장르적으로 설계함으로써 이 장면의 허구성을 노출하고 부각한 선택은 살해된 여자들 외에 누구도 그 순간을 알지 못한다는 사실을 인정하는 태도가 아닐까. 봉준호는 시신이 된 여자들의 부동하는 '뜬 눈'이 그 순간의 참혹한 진실을 삼켜 버리도록 한 건 아닐까. 이러한 견해는 당연히 비약으로 들릴 수 있다. 다만, 우리는 성폭행 장면의 '리얼리즘'

을 낱낱이 전시하려는 영화들의 시선이 훨씬 더 기만적이고 위험하다는 점 또한 잘 알고 있다.

끝까지 뜬 눈

〈살인의 추억〉 속 마지막 살인 장면은 범인의 시점 숏에서 시작해서 여중생 김소현의 눈으로 끝난다. 이 시퀀스에서 잊히지 않는 이미지는 소녀의 눈이다. 범인이 숲속에서 곽설영과 김소현을 번갈아 보다가 여중생을 낚아채 어깨에 메고 산속으로 들어갈 때도, 발가벗겨 묶인 몸 옆에 칼, 볼펜, 포크, 숟가락을 내려놓을 때도, 김소현은 눈을 뜨고 있다. 그 눈은 언덕집에 사는 생존자 여성과 달리 범인을 내내 쳐다본다. 카메라가 둘과 거리를 두고 범인의 뒷모습을 찍은 대목에서 김소현의 얼굴은 범인 몸에 가려지지만, 그의 다리는 미약하게 계속 움직인다. 영화는 다음 날 발견된 시신 장면에서도 김소현의 뜬 눈을 두 번이나 응시한다. 얼굴을 드러내지 않는 범인의 시점은 김소현을 죽음에 이르게 하지만, 마지막까지 감지 않은 김소현의 눈은 서사 안에서 무엇도 보여 주지 못하고 아무런 기능도 하지 않는다. 이 설정은 너무도 잔인하다. 하지만 다르게 느낄 수도 있다. 소녀가 끝까지 '본다'는 사실을 직시하려는 이 시퀀스는 박두만과 서태윤의 무기력한 눈을 암울한 시대의 속성으로 체념하고 연민하려는 영화 자신의 유혹과 싸우는 것 같다. 이 장면에 새겨진 소녀의 눈은 강간 살인사건을 한국 사회의 은유로 성급히 추상화하려는 일련의 시도를 노려본다. 범인의 실체를 끝까지 똑똑히 응시한 눈이 이 세계에 존재'했다'는 사실을 〈살인의 추억〉은 이 어린 여성의 장면으로 기억하려고 한다.

한편, 김소현과 단숨에 운명이 갈리는 여성, 박두만의 연인 곽설영은 봉준호에 따르자면, 이 영화에서 가장 명확한 서사적 기능을 가진 인물이다.

> "이런 유의 시골 형사들은 늘 동네 중요 거점을 확보한다. 때로는 그 거점이 연인 관계와 병행되기도 한다. 사람들을 많이 상대하고 동네 소문에 민감한 미장원 아가씨, 야쿠르트 아줌마 등과 배를 맞대고(?) 지낸다면 나와바리 정보 파악은 시간문제다. 형사 박두만의 연인으로 등장하는 곽설영은 요즘도 시골에서 간혹 볼 수 있는 '야매주사' 여인이다. 정식 간호사 자격증 없이 동네 사람들 링거주사 놔 주고 다니는…."**59**

곽설영은 박두만에게 백광호가 죽은 이향숙을 따라다녔으며 백광호 얼굴에 화상자국이 있다는 사실을 처음 알려 주는

이 시퀀스에서는 소녀가 끝까지 '본다'는 사실을 직시한다.

인물이다. 박두만에게 종종 주사나 링거를 놔 주고, 피에 젖은 박두만의 옷을 빨아 주는 모습은 그들이 여관방에서 주로 만난다는 점을 제외하고는 오래된 부부의 일상적인 장면처럼 보인다. 형사 권귀옥이나 살해되는 여자들이 스릴러 구조 안에 놓인다면, 곽설영은 시골 어디에나 있을 법한, 평범한 인물로 그려진다. 그런데 내내 박두만과 함께 등장하던 곽설영이 혼자 어둠 속 산길로 향하는 대목에서 그는 불현듯 스릴러 안으로 불려 가고 여중생과 함께 범인의 시점 숏 안에 위치하게 된다. 앞서 재차 말했듯, 김소현이 죽고 곽설영은 살아남는다. 이 말은 질문으로 반복될 수 있다. 왜 김소현이 죽고 곽설영은 살아남는가. 여중생이 무참히 희생된 9차 사건이 봉준호의 분노를 가장 자극했고 영화를 만들게 된 강력한 계기였다는 점을 고려해도, 이 물음은 사라지지 않는다. 박두만의 연인마저 희생된다면, 영화가 고수하는 스릴러의 무력한 형식도 차마 복수극을 피할 수 없기 때문일까.

　　"여중생은 영화 속에서 김상경과 우연히 마주친다. 비 오는 날 초소에서, 학교에서, 그리고 채석장 추격전 중에. 그런 식으로 중요하지 않은 것 같지만 슬쩍 마주치게 만든 건, 우리가 실제 살다 보면 말은 안 나누더라도 그렇게 스치는 사람들이 있기 때문이다. 그러다가 그 사람이 피해자가 됐다는 걸 아는 순간 충격은 더 커지기 마련이다. 그래서 범인에 의해 소녀가 희생자로 선택되는 순간에 대한 묘사는 중요했다. 만약 그때 소녀가 아니라 간호사가 선택됐다면 소녀는 지금쯤 이십대 여인이 되어 있을 텐데, 그 순간으로 인해 그녀의 미래가 증발한 게 아닌가. (중략) 그때 여중생은 결국 죽지만 간호사는 살아남는다. 그래서 에필로그 부분에 그가 어떻게 살고 있고, 그가 살아남았기에 태어난 아이들의 모습을 보여 주는 장면이 중요했다. 만약 그녀가 죽었다면 그 풍경 자체가 성립될 수 없는 거 아닌가."[60]

봉준호의 설명은 지극히 상식적이어서 오히려 이 장면의 논점을 가린다. 그는 범인의 시점 숏에서 김소현이 선택되어야만 하는 이유로 '모두가 피해자가 될 수' 있다는 통상의 논리를 대지만, 실은 서태윤의 관점에서 말하는 것이기도 하다. 몇 번이나 슬쩍 마주치고, 심지어 등에 난 상처에 밴드까지 붙여 줬던 소녀가 어느 날, 연쇄살인사건의 희생자가 되었다는 사실을 대면한 형사의 충격. 그러니까 이 선택은 서태윤의 죄의식과 광기, 나아가 그의 사라짐을 예비한다. 이것이 두 여자 중 김소현이 죽는 이유라면, 곽설영이 살아남는 이유 또한 말할 수 있어야 한다. 곽설영을 이 영화에서 가장 의아한 인물로 만드는 대목은 바로 이 지점이다. 그의 애인은 연쇄살인사건을 목전에서 접하는 형사다. 범인이 어딘가에서 다음 피해자를 노린다는 사실을 곽설영만큼 가까이서 듣고 느낀 사람은 없을 것이다. 그런데 그가 가족도 아닌 노인에게 약을 주러 한밤 산길을 혼자 걷는다. 심지어 반대 방향에서 어린 소녀가 홀로 걸어오는데도 멈춰 세우거나 염려하지 않는다. 물론 여기까지는 곽설영의 대범함이나 무심함을 보여 준다고 이해할 수는 있다. 문제는 김소현이 살해된 다음, 불어나는 의문들이다.

곽설영은 전날 밤, 자신을 지나쳐 간 여중생이 야산에서 끔찍한 몰골로 발견된 희생자이며, 자신이 피해자가 될 수도 있었다는 사실을 알고 있을까. 박두만은 곽설영이 산길을 걷던 시간, 같은 곳에서 소녀가 납치됐다는 사실을 알게 됐을까. 이들은 범인이 여자 둘을 수평선상에 두고 고심하다가 김소현을 선택한 '덕분에' 곽설영이 생존했다는 사실을 짐작이나 할까. 그러나 영화에는 곽설영이 그 사실을 되새기거나 소식을 접하는 장면은 없다. 박두만은 비 내리는 사건 현장에서 내려오다 서태윤과 짧게 스치는 장면으로 모습을 드러낼 뿐이며, 곽설영은 영화가 에필로그로 건너뛰기 전까지 다시 등장하지 않는다. 여중생의 죽음 장면이 서태윤을 향해 설계된 것이라고 이해해도, 박두만, 아니, 다른 누구보다 곽설영이 김소현의 죽음에 반응하는 순간을 영화가 생략한 건 아무래도 이상하다. 반응하지 않으므로 박두만과 곽설영은 다른 모든 이들처럼 터널의 암흑으로 빨려 들어가지 않고, 2003년의 에필로그에 안전하게 도착할 수 있는 걸까. 약이 든 가방을 들고 마을과 여관을 떠돌던 곽설영이 박두만, 두 자녀와 함께 아파트 거실에서 맞이한 아침은 안온하다. 그러나 전형적인 중산층 가족의 그 아침은 무엇을 희생하고 망각한 대가로 온 것일까.

5장
'평범한' 남성성의 얼굴

"즐거웠냐? 즐겁고 신났어? …
너 같은 새끼 죽인다고 아무도 신경 안 써."

1986년과 2003년 사이

미국에서 온 유전자 감식 결과지는 달려오는 기차에 찢겨 날아가고, 박현규가 피투성이가 된 채 터널 속으로 사라지는 동안, 박두만과 서태윤은 암흑 속에 망연자실하게 서 있다. 1986년은 그렇게 끝난다. 그리고 영화는 17년이 지난 어느 날에 이른다. 터널 장면에서 차오르던 어둠의 밀도는 한 가족의 아침 식사 장면에서 흔적 없이 증발한다. 그 광경은 너무도 평범해서 이곳에 1986년의 트라우마가 새겨질 틈은 보이지 않는다. 왜 2003년일까. 1986년과 2003년 사이, 그 17년은 전두환·노태우와 김대중·노무현의 거리, 군사정권과 참여정부의 간극이기도 하다. 형사를 그만둔 박두만도 IMF 위기를 겪었을 것이며, 양복을 입고 녹즙을 판매하는 회사원이 되어 도심 변두리에 아파트 한 채를 꾸렸을 것이다. 이제 그는 범인을 쫓는 대신, 신자유주의를 쫓는 가장의 이미지다. 1986년 박현규를 삼켜 버린 터널의 검은 입은 완전히 사라진 걸까. 2003년, '화성연쇄살인사건'은 여전히 미제 상태로 머무른 채, 그해 초, 대구에서는 지하철 참사로 190명 이상이 목숨을 잃었다. 〈살인의 추억〉은 박두만의 아파트 실내에서 끝나지 않고 다시 기어이, 프롤로그의 자리로 돌아간다.

녹즙을 싣고 판매처로 향하던 박두만은 1986년, 그가 살던

마을 입구, 첫 번째 시신을 발견한 농수로 앞에 멈춘다. 17년의 세월이 무색하게 그곳의 풍경은 변함없다. 푸른 하늘 아래 황금빛 논이 일렁인다. 그가 첫 장면에서처럼 고개를 숙여 텅 빈 농수로를 들여다볼 때, 여자아이 하나가 나타나 그의 행동을 보며 말을 건다.

여자애: 그 안에 뭐 있어요? 거기에 뭐 있냐고요?

두만: 아니.

여자애: 근데 왜 봐요?

두만: 그냥 좀 봤다.

여자애: 되게 신기하다.

두만: 뭐가?

여자애: 얼마 전에도 어떤 아저씨가 여기서 이 구멍 속 들여다보고 있었는데. 그 아저씨한테도 물어봤었거든요? 왜 여기 들여다보냐고?

두만: 그랬더니?

여자애: 뭐랬더라, 맞아. 옛날에 여기서 자기가 했던 일이 생각나서 진짜 오랜만에 한번 와 봤다고 그랬는데.

두만: 그 아저씨 얼굴 봤어? 어떻게 생겼어?

여자애: 그냥 뭐 뻔한 얼굴인데.

두만: 어떻게?

여자애: 그냥 평범해요!

평범한 얼굴의 주인은 범인이었을까. 그 말 앞에서 정지한 박두만의 얼굴이 화면을 가득 채우고 의미를 알 수 없는 그의 시선이 정면을 향한다. 봉준호는 스크린 바깥, 관객을 뚫어지게 응시하는 송강호의 얼굴 클로즈업이 극장에 와서 영화를 볼지도 모를 익명의 범인을 향한 시선이기도 하다고 말해 왔지만, 그렇다 해도 이 얼굴의 모호함이 설명되는 건 아니다. 더욱이 영화는 박두만의 얼굴에서 끝나므로, 이것은 영화의 결말이다. 이 얼굴은 아이가 한 말 중 무엇에 반응한 것일까. 에필로그 속 박두만의 얼굴은 프롤로그의 얼굴에서 얼마나 멀리 왔는가. 혹은 그것은 한 발자국도 나아가지 못한 채, 제자리로 돌아온 것일까.

평범한 얼굴,
뼈저린 자기인식

박두만의 얼굴은 이를테면 〈마더〉 속, 엄마의 얼굴과 다르다. 〈마더〉에 대한 평에서 자주 언급되는 김혜자의 과잉된 얼굴 클로즈업은 엄마의 내면을 표현하기보다는 그 세계의 속성

영화의 마지막은 스크린 바깥, 관객을 뚫어지게 응시하는 박두만의 얼굴 클로즈 업으로 끝난다.

5장 | '평범한' 남성성의 얼굴

인 끈질긴 히스테리와 불안을 프레임 가득 팽창하는 방식에 가깝다. 그것은 또한 엄마가 아들과 함께 죽으려고 했던 과거의 외상적 "사건 이후의 얼굴", "폭발의 흔적만 남은 얼굴"[61]이기도 하다. 앞서 김소영의 말대로 〈살인의 추억〉이 남성적 트라우마를 다루는 영화라면, 박두만의 얼굴 역시 '외상적 사건 이후의 얼굴'이라고 말할 수 있을까. 그런 것 같지 않다. 이 영화에서라면 권귀옥 앞에서 사건의 기억을 광기 어린 표정으로 꺼내던 유일한 생존자 여성의 얼굴 혹은 본편에서는 삭제된 취조실 장면에서 빛과 어둠이 교차하는 가운데 무너지던 서태윤의 얼굴이 그렇게 불릴 것이다. 박두만은 엄밀히 말해, 자신을 사건에 연루된 자로 위치시키지 않거나 못한다. 그의 '무당 눈깔'은 범인만 보지 못하는 게 아니라, 1986년 자신이 본 것들의 의미를 여전히 알지 못한다. 그렇다면 박두만의 얼굴은 무엇인가. 김영진은 그것을 시대의 얼굴이라고 평한다.

"숨이 목젖에까지 차오르지만, 숨 쉴 수 없을 때 짓는 듯한 그 표정은 턱에까지 호흡이 달아오르도록 뛰었지만 결국 지켜 내지 못한 사회의 정의를 슬퍼하는, 상황의 주인공이고 싶었지만, 가까운 구경꾼으로 머물 수밖에 없었던 시대의 증인을 대표하는 표정이다. 그것은 편안하게 두 시간 동안 한 시대 전의 살인사건의 전말을 지켜본 관객에게도 전이되는 표정이다. 우리 대다수가 한때 방관자일 수밖에 없었던 슬픈 시대가 있었다. 〈살인의 추억〉은 분노만큼이나 슬픈 감정으로 과거를 돌아본다. 송강호의 클로즈업은 한 시대를 요약하는 표정으로 길이 남을 것이다. 봉준호는 그것을 '격한 슬픔'이라고 말했다."[62]

그는 이 얼굴에서 시대의 증인이자 방관자의 슬픔, 나아가 시대 자체의 슬픔을 본다. 봉준호 역시 임상수 감독이 〈살인의 추억〉 시나리오를 읽은 후, "우리가 이런 꼬라지로 살았었구나, 우리 삶이 그때 이랬구나. 그리 옛날도 아닌데, 참 슬프다"[63]고 한 말을 이 영화에 대한 만족스러운 후기로 기억한다.

이들이 느낀 슬픔을 부정할 수는 없지만, 그 반응은 일견 감상주의적이다. 이 영화의 에필로그가 박두만을 굳이 다시 프롤로그의 자리로 돌려보내 그때와 유사한 얼굴로 끝낸 선택은 시대를 서글프게 추억하기 위해서만은 아닐 것이다. 만약 그렇게 본다면, 〈살인의 추억〉은 앞서 일련의 평자들이 지적한 것처럼, 그 시대를 구하지 못한 남성의 향수로 귀결되고 만다. 박두만의 얼굴이 표상하는 것은, 그런 감상보다 독하다. 농수로 앞으로 돌아와 무엇을 보는 건지 알 수 없는 눈으로 스크린에 맺힌 박두만의 얼굴은 시대를 슬프게 상기하는 거창한 의미를 띄지 않는다. 그것은 이 영화에서 '본 자'들이 모두 죽거나 사라진 후, 남은 유일한 얼굴이다. 이 얼굴에는 무엇도 담기지 않는다. 이것은 무지로 살아남은 남성성의 얼굴이다. 기괴하게 일그러진 박두만의 눈은 자신을 응시하지 못한 채, 여전히 바깥의 절대 악을 찾는 맹목적인 시선이다. 그의 얼굴은 회한이나 후회, 혹은 공포와 불안의 감정이 아니라, 무지의 힘을 전시하며 그 힘으로 진동한다.

이 영화는 "얼굴의 로드무비"처럼 보이지만, 봉준호는 시작과 끝의 얼굴을 겹쳐 둠으로써, 일말의 성장이나 변화, 옅은 희망이나 진보의 가능성을 차단하며, "로드무비"가 애초 작동할 수 없는 남성성의 세계를 적시한다. 여성들을 구하는 일은 이들의 과업이 아니다. 무지에 잠식돼 자신조차 구원할 수 없는 남성성, 봉준호가 박두만의 얼굴로 형상화하는 건 그에 대한 뼈저린 비관이다. 낯선 아저씨의 얼굴이 평범하다는 아이의 말이 잔인하다면, 그 표현이 범인의 흉악한 행위와 배치되는 인상을 연상시켜서가 아니라, 가부장제에서 소위 '정상적'이라고 일컬어지는 남성성 일반을 향하기 때문일 것이다. 그 말은 박두만, 조용구, 서태윤, 구 반장, 신 반장, 박현규, 그리고 어딘가 존재할 진짜 범인 모두를 포괄하며 이들 사이의 근원적 '차이'란 환상에 불과한 게 아니냐고 빤히 묻는다. 이 영화의 에필로그는 해맑은 아이의 입에서 나온 '평범함'이라는 말로 남성성을 냉혹하게 수평화한다. 이보다 무서운 자기인식이 있을까.

〈살인의 추억〉은 영화 속 남성들을 종종 가련하게 여기면서도, 터널을 지나 다시 농수로에 이르러 그 세계를 위무하지 않기로 마음먹는다. 범인과 시대를 향해 휘두르던 칼끝으로 자신의 얼굴을 겨눈다.

주

1 〈정성일과 허문영, 〈설국열차〉 준비 중인 봉준호 감독을 만나다: 봉준호는 지금 다시 시작한다〉, 《씨네21》 800호, 2011년 4월 26일, 129쪽.

2 Ji-youn Jung, *BONG Joon-ho*, Seoul Selection, 2008, 54/116. (알라딘 전자책)

3 〈우리가 장르에 매혹되는 이유: 봉준호 VS 장준환의 하이브리드 이야기〉, 《키노》 98호, 2003년 6월, 85쪽.

4 남다은, 〈어둠과 심연 사이: 봉준호 감독과 〈기생충〉에 관해 나눈 긴 이야기〉, 《필로》 10호, 매거진 필로, 2019, 144쪽.

5 남다은, 위의 글, 《필로》 10호, 144쪽.

6 〈정성일과 허문영, 〈설국열차〉 준비 중인 봉준호 감독을 만나다: 봉준호는 지금 다시 시작한다〉, 143쪽.

7 허문영, 〈산산이 부서진 상태에서 시작해보자〉, 《필로》 13호, 매거진 필로, 2020, 31쪽.

8 남다은, 위의 글, 《필로》 10호, 149쪽.

9 Ji-youn Jung, op cit., 81/116.

10 〈우리가 장르에 매혹되는 이유: 봉준호 VS 장준환의 하이브리드 이야기〉, 86쪽.

11 〈[KAFA Masterclass] 영화감독 봉준호 '극복되지 않는 불안과 공포: 영화창작과정에서 우리를 두렵게 하는 것들〉 https://www.youtube.com/watch?v=DWYXS3sA1Lk

12 남다은, 〈봉준호 〈지리멸렬〉, 《다시 만난 독립영화 VOL.2》, 서울독립영화제, 2019, 206~207쪽.

13 남다은, 위의 글, 《다시 만난 독립영화 VOL.2》, 207쪽.

14 〈우리가 장르에 매혹되는 이유: 봉준호 VS 장준환의 하이브리드 이야기〉, 84쪽.

15 허문영, 《세속적 영화, 세속적 비평》, 도서출판 강, 2010, 134쪽.

16 구로자와 기요시, 홍지영 옮김, 《구로사와 기요시, 21세기의 영화를 말하다》, 미디어버스, 2023, 244쪽.

17 구로사와 기요시, 위의 책, 244쪽.

18 〈전영객잔 3인, 〈괴물〉과 〈한반도〉를 논하다〉, 《씨네21》 568호, 2006년 8월 31일. http://www.cine21.com/news/view/?mag_id=41123

19 〈전영객잔 3인, 〈괴물〉과 〈한반도〉를 논하다〉, 《씨네21》 568호.

20 〈어둠과 심연 사이: 봉준호 감독과 〈기생충〉에 관해 나눈 긴 이야기〉, 123쪽.

21 〈전영객잔 3인, 〈괴물〉과 〈한반도〉를 논하다〉, 《씨네21》 568호.

22 서정민, 〈기생충 놀이, 오스카를 제대로 '찢었다'〉, 《한겨레》, 2020년 2월 14일. https://www.hani.co.kr/arti/culture/culture_general/928198.html

23 〈정성일과 허문영, 〈설국열차〉 준비 중인 봉준호 감독을 만나다: 봉준호는 지금 다시 시작한다〉, 131쪽.

24 〈정성일과 허문영, 〈설국열차〉 준비 중인 봉준호 감독을 만나다: 봉준호는 지금 다시 시작한다〉, 129쪽.

25 Ji-youn Jung, op. cit., 54/116.

26 〈정성일과 허문영, 〈설국열차〉 준비 중인 봉준호 감독을 만나다: 봉준호는 지금 다시 시작한다〉, 132쪽.

27 이지훈, 〈대단한 영화, 〈살인의 추억〉: 봉준호 감독은 어떻게 걸작을 만들었나〉, 《필름2.0》 122호, 2003년 4월, 50쪽.

28 이지훈, 위의 글, 51쪽.

29 허문영, 위의 책, 136쪽.

30 김영진, 〈시대의 얼굴을 찍는다〉, 《필름2.0》 125호, 2003년 5월, 74쪽.

31 〈〈살인의 추억〉의 감독·비판자·지지자가 가진 3角 대담〉, 《씨네21》 400호, 2003년 5월 2일. 대담의 참여자는 봉준호, 김소희, 남동철이다. http://www.cine21.com/news/view/?mag_id=18680

32 허문영, 위의 책, 142~143쪽.

33 정한석, 《성질과 상태》, 도서출판 강, 2017년, 184쪽.

34 허문영, 위의 책, 153쪽.

35 허문영, 위의 책, 168쪽.

36 〈〈살인의 추억〉의 감독·비판자·지지자가 가진 3角 대담〉, 《씨네21》 400호.

37 〈〈살인의 추억〉의 감독·비판자·지지자가 가진 3角 대담〉, 《씨네21》 400호.

38 심영섭, 〈범작이 될 수도 없지만 걸작이 될 수도 없는 〈살인의 추억〉, 《씨네21》 401호, 2003년 5월 8일. http://m.cine21.com/news/view/?mag_id=18779

39 김소영, 《근대의 원초경: 보이지 않는 영화를 보다》, 현실문화연구, 2010, 178쪽.

40 김소영, 위의 책, 151쪽.

41 김소영, 위의 책, 176쪽.

42 손희정, 〈봉준호의 영화들에서 보여진 여성 이미지 재현의 문제에 대하여〉, 《씨네21》 1210호, 2019년 6월 20일. http://www.cine21.com/news/view/?mag_id=93249

43 Ji-youn Jung, op. cit., 54/116.

44 Ji-youn Jung, op. cit., 56-57/116.

45 Ji-youn Jung, op. cit., 73/116.

46 정한석, 위의 책, 183쪽.

47 〈한국영화는 왜 항상 가해자에게 면죄부를 주는가: 〈나쁜 세상의 영화사회학〉 펴낸 영화평론가 김경욱〉, 《씨네21》 890호, 2013년 1월 31일. http://www.cine21.com/news/view/?mag_id=72533

48 Ji-youn Jung, op. cit., 61/116.

49 〈〈살인의 추억〉의 감독·비판자·지지자가 가진 3角 대담〉, 《씨네21》 400호.

50 이지훈, 위의 글, 52쪽.

51 이동진, 《이동진이 말하는 봉준호의 세계》, 위즈덤하우스, 2020년, 384쪽.

52 〈손태웅 감독, 봉준호 감독에게 묻다: 〈살인의 추억〉은 무엇을 추억하는가?〉, 《키노》 97호, 2003년 5월, 129쪽.

53 Ji-youn Jung, op. cit., 56/116.

54 〈정성일과 허문영, 〈설국열차〉 준비 중인 봉준호 감독을 만나다: 봉준호는 지금 다시 시작한다〉, 140쪽.

55 〈정성일과 허문영, 〈설국열차〉 준비 중인 봉준호 감독을 만나다: 봉준호는 지금 다시 시작한다〉, 140쪽.

56 〈손태웅 감독, 봉준호 감독에게 묻다: 〈살인의 추억〉은 무엇을 추억하는가?〉, 129쪽.

57 〈손태웅 감독, 봉준호 감독에게 묻다: 〈살인의 추억〉은 무엇을 추억하는가?〉, 128쪽.

58 Ji-youn Jung, op. cit., 60-61/116.

59 〈봉준호 감독이 쓴 〈살인의 추억〉 포토 코멘터리〉, 《씨네21》 398호, 2003년 4월 18일. http://www.cine21.com/news/view/?mag_id=18438

60 Ji-youn Jung, op. cit., 61/116.

61 허문영, 위의 책, 162쪽.

62 김영진, 〈시대의 얼굴을 찍는다〉, 《필름2.0》 125호, 2003년 5월, 79쪽.

63 〈〈살인의 추억〉의 감독·비판자·지지자가 가진 3角 대담〉, 《씨네21》 400호.

참고문헌

단행본

Ji-youn Jung, *BONG Joon-ho*, Seoul Selection, 2008.

구로자와 기요시, 홍지영 옮김, 《구로사와 기요시, 21세기의 영화를 말하다》, 미디어버스, 2023.

김소영, 《근대의 원초경: 보이지 않는 영화를 보다》, 현실문화연구, 2010.

김홍준·김인수 외, 《다시 만난 독립영화 VOL.2》, 서울독립영화제, 2019.

이동진, 《이동진이 말하는 봉준호의 세계》, 위즈덤하우스, 2020.

허문영, 《세속적 영화, 세속적 비평》, 도서출판 강, 2010.

잡지·신문

〈봉준호 감독이 쓴 〈살인의 추억〉 포토 코멘터리〉, 《씨네21》 398호, 2003년 4월 18일.

〈〈살인의 추억〉의 감독·비판자·지지자가 가진 3角 대담〉, 《씨네21》 400호, 2003년 5월 2일.

〈손태웅 감독, 봉준호 감독에게 묻다: 〈살인의 추억〉은 무엇을 추억하는가?〉, 《키노》 97호, 2003년 5월.

〈우리가 장르에 매혹되는 이유: 봉준호 VS 장준환의 하이브리드 이야기〉, 《키노》 98호, 2003년 6월.

〈전영객잔 3인, 〈괴물〉과 〈한반도〉를 논한다〉, 《씨네21》 568호, 2006년 8월 31일.

〈정성일과 허문영, 〈설국열차〉 준비 중인 봉준호 감독을 만나다: 봉준호는 지금 다시 시작한다〉, 《씨네21》 800호, 2011년 4월 26일.

〈한국영화는 왜 항상 가해자에게 면죄부를 주는가: 〈나쁜 세상의 영화사회학〉 펴낸 영화평론가 김경욱〉, 《씨네21》 890호, 2013년 1월 31일.

김영진, 〈시대의 얼굴을 찍는다〉, 《필름2.0》 125호, 2003년 5월.

남다은, 〈어둠과 심연 사이: 봉준호 감독과 〈기생충〉에 관해 나눈 긴 이야기〉, 《필로》 10호, 매거진 필로, 2019.

손희정, 〈봉준호의 영화들에서 보여진 여성 이미지 재현의 문제에 대하여〉, 《씨네21》 1210호, 2019년 6월 20일.

신호철, 〈사람 죽인 적 없다〉, 《시사저널》 1821호, 2003년 5월 15일.

심영섭, 〈범작이 될 수도 없지만 걸작이 될 수도 없는 〈살인의 추억〉〉, 《씨네21》 401호, 2003년 5월 8일. http://m.cine21.com/news/view/?mag_id=18779

이지훈, 〈대단한 영화, 〈살인의 추억〉: 봉준호 감독은 어떻게 걸작을 만들었나〉, 《필름 2.0》 122호, 2003년 4월.

정희상, 〈화성 연쇄살인 엉터리 수사가 앗아간 30년〉, 《시사IN》 719호, 2021년 7월 5일.

허문영, 〈산산이 부서진 상태에서 시작해보자〉, 《필로》 13호, 매거진 필로, 2020.

김기성, 〈32년 만에 바로잡은 '살인의 추억'…윤성여씨 재심 "무죄"〉, 《한겨레》, 2020년 12월 17일.

김산, 〈'이춘재 연쇄살인' 용의자 몰렸던 고(故)윤동일씨 33년만 재심〉, 《경인일보》, 2024년 7월 10일.

변근아, 〈이춘재 연쇄살인 용의자 몰렸던 고 윤동일 씨 형 "가족들 고통 속 살아와"〉, 《뉴시스》, 2024년 9월 3일.

서정민, 〈기생충 놀이, 오스카를 제대로 '찢었다'〉, 《한겨레》, 2020년 2월 14일.

송치훈, 〈이춘재 대신 '20년 옥살이' 윤성여씨에 18억 국가배상〉, 《동아일보》, 2022년 11월 16일.

이두걸·서유미, 〈억울한 옥살이 대가 값지게…아이들의 등대 되자고 뭉쳤죠〉, 《서울신문》, 2024년 8월 12일.

이영주, 〈'이춘재 연쇄살인사건' 용의자로 몰렸던 33년만 재심〉, 《연합뉴스》, 2024년, 7월 10일.

이재호, 〈세금 환수못해 아쉽다〉, 《한겨레》, 2021년 5월 13일.

동영상

〈[KAFA Masterclass] 영화감독 봉준호 '극복되지 않는 불안과 공포: 영화창작 과정에서 우리를 두렵게 하는 것들〉 https://www.youtube.com/watch?v=DWYXS3sA1Lk

살인의 추억
MEMORIES OF MURDER

감독 봉준호 | **제작년도** 2003년 | **제작사** 싸이더스 | **배급사** CJ엔터테인먼트 | **관람등급** 15세 관람가 | **상영시간** 131분

원작 김광림(연극 〈날 보러 와요〉) | **각본** 봉준호·심성보 | **제작자** 차승재·노종윤 | **촬영** 김형구 | **조명** 이강산 | **편집** 김선민 | **음악** 이와시로 타로 | **미술** 류성희 | **세트** 양홍삼 (남아미술센터) | **소품** 유청(영아트) | **의상** 김유선 | **분장** 황현규 | **특수분장** 신재호(메이지) | **동시녹음** 이병하 | **사운드(음향)** 최태영(라이브톤) | **특수효과** 정도안(데몰리션) 김병기 (퓨처비전) | **시각효과** 강종익(인사이트비쥬얼) | **조감독** 한성근

출연 – 박두만 송강호 | 서태윤 김상경 | 조용구 김뢰하 | **신동철 반장** 송재호 | **구희봉 반장** 변희봉 | 권기옥 고서희 | 조병순 류태호 | 백광호 박노식 | 박현규 박해일 | 곽설영 전미선

상세 크레디트와
더 많은 영화
관련 정보는
QR코드를
참고해 주세요.

KOFA 영화비평총서 2

살인의 추억
끝내 감지 않은 눈

2024년 12월 31일   초판 1쇄 발행

지은이 | 남다은
펴낸이 | 노경인·김주영

펴낸곳 | 도서출판 앨피   출판등록 | 2004년 11월 23일
주소 | (01545) 경기도 고양시 덕양구 향동로 218 (향동동, 현대테라타워DMC) B동 942호
전화 | 02-710-5526   팩스 | 0505-115-0525   블로그 | blog.naver.com/lpbook12
전자우편 | lpbook12@naver.com

ISBN 979-11-92647-57-9

※ 이 책에 사용된 영화 속 장면 사진들은 저작권자인 CJ ENM으로부터 사용 허가를 받았다.
　책의 완성을 위해 도움을 주신 CJ ENM에 감사드린다.